柯维管理新经典系列

THE ULTIMATE COMPETITIVE ADVANTAGE

如何让员工成为企业的竞争优势

Why Your People Make All the Difference and the 6 Practices You Need to Engage Them

[美] 肖恩·姆恩　苏·达特·道格拉斯
Shawn D. Moon　Sue Dathe-Douglass

［培养卓越、高效、忠诚的员工］

中国青年出版社
CHINA YOUTH PRESS
中青文传媒

图书在版编目(CIP)数据

如何让员工成为企业的竞争优势 /（美）姆恩，（美）道格拉斯著；徐驰，麦丽斯译.
—北京：中国青年出版社，2015.7
（柯维管理新经典系列）
书名原文: The Ultimate Competitive Advantage: Why Your People Make All the Difference and the 6 Practices You Need to Engage Them
ISBN 978-7-5153-3351-9
Ⅰ.①如… Ⅱ.①姆… ②道… ③徐… Ⅲ.①企业管理 - 人力资源管理 - 研究
Ⅳ.①F272.92
中国版本图书馆CIP数据核字（2015）第109614号

如何让员工成为企业的竞争优势

作　　者：〔美〕肖恩·姆恩　苏·达特·道格拉斯
译　　者：徐　驰　麦丽斯
责任编辑：胡莉萍
美术编辑：张燕楠
出　　版：中国青年出版社
发　　行：北京中青文文化传媒有限公司
电　　话：010-65511270/65516873
公司网址：www.cyb.com.cn
购书网址：zqwts.tmall.com　www.diyijie.com
制　　作：中青文制作中心
印　　刷：三河市文通印刷包装有限公司
版　　次：2015年9月第1版
印　　次：2015年9月第1次印刷
开　　本：880×1230　1/32
字　　数：120千字
印　　张：6.75
京权图字：01-2014-8276
书　　号：ISBN 978-7-5153-3351-9
定　　价：39.00元

THE ULTIMATE COMPETITIVE ADVANTAGE

目 录

CONTENTS

序 一

FOREWORD

肖恩·柯维

你或许拥有最先进的技术、最具创意的市场推广、最前沿的产品，但是所有这些都可能像烟花一样转瞬即逝，随便一个竞争对手就可以将其复制，抑或一夜之间就被更新、更好的浪潮所替代。

当今世界，所有企业的成功都是暂时的。如果你是一个领导，那你拥有的唯一竞争优势就是你和员工的心灵与大脑，可以为你一次次地取得成功。你唯一能够依靠的资源就是人，他们离不开澎湃的激情、高远的目标、精神的支撑，如果他们得不到所需，那么你也将一无所有。

现如今，人的需求与过去的有所不同，特别是年轻人，他们需要自我领导，需要有所作为，尤其迫切地需要被信任。

也就是说，他们需要的不是一份职业，而是一份使命，职业只是工作，而使命则是奋斗目标。职业需要的是“我能干什么”？而使命需要的却是“我可以有何成就”？

现在你要去做的就是点燃自己和你的团队心中的火焰，我的同事兼朋友们所著的这本书可以帮你做到这一点，它打破了曾经可行而现在却阻碍前行的旧思维，树立起激励员工激情的新范式。

我的父亲史蒂夫·R. 柯维曾说过："你看到的世界不是世界本身的样子，而是你眼中世界的样子。"当你阅读此书，就会惊诧于自己的旧观念被一整套新思维所冲击：不再只是作为一个领导，而是将所有人都变成领导；不再只是追求小投入大回报，而是能够以小投入换取无限回报；不再只是为客户创造价值，而是成为他们成功的关键因素。

本书可以有很多种应用方法，但我建议你先来阅读，立刻找出至少一条新"实践"，或者称为"需要做的工作"，然后制订出一套提升自己和团队效率的行动计划。努力去实践吧！亲眼看看你的工作和你的公司是否会因此而改变，每章末尾的实践步骤表将对你有所帮助。

还不止这些，把本书作为一个整体加以对待，你就能在大脑中安装一套新的高效"操作系统"。操作系统就是装在智能手机和笔记本电脑中的软件，而今，大多数商业人士的精神操作系统都老得过时了，所以他们效率低下，速度越来越慢，最终完全停滞。

你需要的是一个可以永远依赖的、永不过时的操作系统。

本书的操作系统基于永恒存在和普遍适用的基本原则，例如，主动、正直、信任、同感、价值多元化，这也正是柯维的《高效能人士的七个习惯》所推崇的原则。将这些原则作为你工作的坚实基础，在任何情况下，你都将是一个成功的领导。

你的组织文化是有助于你，还是在阻碍你？今天你的行动就将带你有效地领导你自己、你的团队和你的组织。

肖恩·柯维，全球畅销书《杰出青少年的七个习惯》作者，《华尔街时报》畅销书《高效能人士的执行4原则》合著者之一。

序二

FOREWORD

陈俐同（Ronnie Tan）

富兰克林柯维（FranklinCovey）新加坡和大中华区总裁

中国现在的企业环境正在迅速朝着精益求精和复杂多样的趋势发展。本地企业已经成长为可以和跨国公司有力竞争的企业，而跨国公司曾经是市场上的主导力量。大多数企业（本地企业和跨国公司）的传统竞争优势在悄然消失，找到让企业持续发展、不能轻易被复制的竞争优势是现代CEO们面对的一个严峻挑战！这一过程的关键并不是要秘密进行（事实上，由于互联网的普及，现在已经基本上没有秘密了！），而是实打实地付出和获得成功必要的原则，只有这样才会给企业带来无人可以企及的竞争优势，令竞争对手由衷地钦佩，因为他们发现成功的关键因素不是“你知道什么”，而是“你做了什么”。

通用电气的董事长兼CEO杰夫·伊摩尔特这样评价自己的企业：“……通用电气之所以能够成长、成功，和员工们共同的智慧、各自的特点和经验密不可分。我们一直以来投身于雇佣最棒的员工，维护员工的多样性，这就为我们提供了立足于市场的竞争优势。”

领导者就是要集结员工的智慧与努力，让他们成为一流的团队，来设计、研发和营销产品与服务，支持他们并始终鼓励他们朝着公司的目标前进！

在当今社会，公司的产品、服务、运营模式和营销活动会很快地被其他竞争者复制，但员工和他们的潜力却是企业始终独一无二的最重要的因素。因此，要想不断成长、保持竞争力，企业要对员工进行适合的投资，不是只对领导，而是对每个人都投入！具有伟大的领导者已经远远不够了，伟大的领导更需要高效员工的支持。这两方面都达到准确平衡的企业，才能为自己奠定成功的基础。

简而言之，现代的企业领导者应该把思路从“吸引、部署、保留”转向“吸引、部署、释放潜力”。

过去20年里，中国企业发展的模式已经改变。21世纪初期，中国的企业开始意识到人事管理系统、人才吸引和保留的重要性，注重人力资源管理。此后，由于中国企业的扩张带来了跨行业人才的流动，工作绩效文化开始成型。但现在，找到合适的人才已经远远不够，挑战模式早已升级！把优秀员工和共同目标凝聚到一起，使用一种清晰而明确的方式让他们执行最重要的而不是最紧急的工作，企业的这种能力决定了谁能在竞争激烈的市场上存活并在短期内胜出，可持续的成功就是最好的奖赏！

富兰克林柯维（FranklinCovey）已经跟来自知名企业、培训机构和政府部门的数百万名员工共事30余年，对于如何成为高效能企业积累了深刻的见解。在《如何让员工成为企业的竞争优势》这本书里，肖恩·姆恩和苏·达特·道格拉斯分享了六种高效能方法，帮助推动你的企业通过释放员工潜力获得成功。

从积极主动的必要性到建立双赢关系的重要性，《如何让员工成为企业的竞争优势》中的每一种方法都是基于适合所有领域企业的基本原则。采取这些方法是成为市场上独具一帜的企业的关键。这些方法会使你的公司通过使用你最重要的资产——员工，取得意想不到的结果，成为行业领先者。可以说，书中提供了创建企业文化和打造突出表现的强有力的路径图，是所有立志要带领企业获得成功的领导者的必读书籍。

1 CHAPTER

第一章

员工是企业成败的关键衡量标准

Paradigm: Leadership is a Choice NOT Just a Position

不具备竞争优势，就干脆不要竞争。

——杰克·韦尔奇

我们与世界闻名的公司和领导者合作了30多年，因此深知让他们变得这么重要的原因。个人衡量一个公司的标准是你是否愿意发自内心甚至非常热情地将其推荐给别人，想一想为什么他们这么独树一帜，你又为何对这种公司有强烈的感觉。依据我们的经验，这样的公司往往有着最强有力，无可替代而且持续存在的竞争优势———种必胜的企业文化。

那么，什么是企业文化？针对我们的目标，将其定义为员工的共同行为（即大部分人在大部分时间做的事情），以及在这种文化中说话和人际关系的本质、外在和内在的价值观、工作时的标准和程序。必胜的企业文化充满了优秀的员工，他们始终言出必行，值得信赖。必胜文化是特有的，需要精心培养和维护，十分稀有。

比如说西数电子公司，出于工作的原因，我们与这家公司的企业文化接触了10年。我们之间的合作始于高效能人士的七个习惯培训，他们与我们合作的目的是创建一种以原则为导向的企业文化，作为公司核心操作系统，最初的工作包括和管理层的合作，以及针对公司各个层级的管理者和优秀员工的多年训练。

正如压力会测试出一个人的本性，危机也会检测出一个企业的能力。2011年，泰国经历了50年来最严重的洪灾，洪水从北部开始泛滥，仅仅两个月的时间，曼谷人口稠密的南部地区就已经浸泡在水中，人们四处挣扎，寻找高地，近乎恐慌。1300万人民流离失所，800多人罹难，这被称为史上第四昂贵的灾难。

致命的洪水侵袭而来的时候，苏正在那里工作，她说："当时的经历让人觉得很诡异，这座繁华的城市一下子变得死一般沉寂。我住的酒店周围沙袋垒得越来越高，最后高达8英尺。人们把自己的私家车停放到地势更高的高速公路上，以免呼啸而来的洪水把它们冲进街道或者巷子里。整个场景就像是电影《小鸡快跑》的残酷现实版，你知道洪水就在身后，可不知道它会何时从何地过来。不好的预感日益强烈，厄运当头的感觉越发清晰而深刻。"

到10月15日为止，成千上万的工人被洪水赶出了高科技制造中心——巴茵工业园。受损尤为严重的是西数硬盘工厂，浸水1.8米，这里的生产环境要求零粉尘，一粒灰尘就可以摧毁一个产品。

对他们来说，这简直是一场灾难。

洪水退去后，专家预计需要大约10亿美元和至少7个月的清扫时间来让西数工厂的部分设施恢复生产，而许多高端设备甚至需要几年的修复时间。有些市场报告甚至预测工厂将会倒闭，造成近4万工人失业。没有泰国生产的主要元器件，世界上所有的高科技生产都将陷于停滞，这些后果速度快、范围广，因此被称为“席卷世界的旋风”。

但是，西数工厂的管理者并不希望花费几年的时间来恢复生产，随即迅速着手处理各项工作。他们立即向世界宣布，西数不会裁员，这个团队中的所有人将会携手重新站立起来。他们组织全体人员帮助那些受灾最严重的员工重建家园，保证安全第一。第二天，雇用海军抢救核心设备，并运送到干燥地区翻新修整。

工业园区里采取裁员措施的其他大公司却依然淹没在铁锈和泥潭中，洪水退去6个月后，仍有284家工厂停业，近16.5万人失业。一位观察者写道：“工人们穿着发白的衣服站在衰败的工厂里，就像太空计划中止后的工作人员，无所事事。”

然而在西数，工人们却马不停蹄。有钱赚的人当然会表现得有所不同，但这些优秀的工人们确实是发自内心地决定自己动手，重头再来。上万名失去家园仍在与洪魔斗争的员工来到工厂，有些人从难民营到工厂甚至有几英里的路程，他们划着小船或骑着水牛都要走几个小时，但是他们都来了。

许多人发现自己正在做着以前从未做过的又脏又累的体力劳动，公司领导卷起袖筒，以前坐久了舒适办公室的文员们也与之一起并肩战斗。从未谋面的工人们自发组成了一个个团队，现场解决问题。

结果如何呢？11月30日，工厂关闭后仅46天，西数工厂便重新开工，不到一年的时间重新恢复了市场第一的位置，公司无往不胜，甚至成功收购了一个最强劲的竞争对手。观察员们惊奇地看到，重建根本没用10亿美元和几年的时间，需要的仅是一个能够在泥泞中携手并进的超强团队。

我们再来看一个不同企业文化背景中的故事，以及在这种文化中产生的行为、语言和结果。

简和姐姐在花园中正悠闲地喝着咖啡，姐夫汤姆走了过来。坐下以后，他盯着自己的手机，喃喃道："还有1年，3个月，2天，6个小时，40分钟，30秒，我就退休啦！"

"你说什么？"简问道。汤姆聪明能干，大好前程正等着他呢，她是这么认为的。

"我的手机里装了一个应用，可以对我的退休时间倒计时。"

简知道他一定是在开玩笑，说道："你不会退休的，汤姆，就凭你的资历，公司还会聘你回来做顾问，而且得付你5倍的薪水。"

“不,”汤姆回应,“你不知道,倒计时最后一秒我就会全身而退,多一秒钟我都不会在那个公司待下去。”

“为什么呢?”

汤姆说:“我们公司以前工作环境确实很不错,什么都令我满意,但是两年前变了。我们来了一个新老板,总是对我们指指点点,许多颇有资历的老员工不服气地问:‘我们没有发言权吗?’但他却这样看了我们一眼……唉,只能说,这种眼神我也慢慢习惯了。新上司以十分戏谑的口吻接茬说:‘如果你们想要忠诚,找条狗吧。’”

那么,汤姆从什么时候起真正退休了呢?从什么时候起不再竭尽所能了呢?什么时候起不再全力以赴了呢?就在两年前。他虽身在岗位,尽到职责,也就仅此而已。汤姆本可以再付出15~20年,这或许是他最好的年华,但是他曾经为之付出心血、思想和热情的公司不会再受益于他的贡献了。

他将自己的精力放在了其他地方。

泰国西数公司和汤姆所要“退休”的公司团队文化之间是否存在强烈的差异呢?

一个世纪前,北美的商界领袖们创立了世界大型企业联合会,旨在探寻企业成功的奥秘,这一组织至今仍在发展壮大。一个科学的企业是一个安安静静的场所,人们在此收集信息并冷静地加以分析，努力研究真实的经济状况。

许多年来，世界大型企业联合会调查了全球各地的知名商界领袖，试图探究他们遇到的最严峻的挑战。他们最近的答案可能会让你感到惊讶："人力资本"。

为人力资本而担忧？为什么这会成为首当其冲的问题？

世界大型企业联合会分析家得出如下结论："当今社会，能否让你的员工竭尽所能、全力以赴，是参与竞争和取得胜利的唯一途径。"

数千个公司雇用我们去帮助他们实现预期目标，首要工作便是改变他们的行为，来自北美、亚洲和欧洲的领导者们一致认为这是目前的重中之重，他们知道西数团队和汤姆所在工作环境之间的巨大差异比任何事情都重要，那些能够让最优秀的员工贡献最大力量的企业才能拥有终极竞争优势。简而言之，鼓励和激励员工努力做到最好，即便在泥泞中也能携手前行！

那么，既然有这么多人意识到了问题和机遇，为什么还是没有产生伟大的企业文化？

让我们详细探究问题之一：大部分员工对工作都心不在焉，甚至漠不关心。根据盖洛普公司的统计，这一数字是70%，如果剔除领导和管理者，对工作持冷漠态度的员工比例高达80%，这意味着领导层没有能够鼓励和调动70%以上的员工。

我们在讨论的是数千万个像汤姆这样的员工，他们每一个都很独特，有天赋，有技能，有热情，有所奉献，却在精神上和感情上退休了。

史蒂芬·柯维先生在面对世界各地的众多观众时，经常提出一个问题："有多少人认为，你们公司大部分员工都被大材小用，他们的才干、智慧、能力和创造力都远远高于现有工作的要求？"每次几乎所有人都会举手。

为什么会这样呢？因为企业领导大都不知道如何调动人。根据斯坦福大学领导力研发中心对于全球CEO业绩进行的调查，调动员工被评为CEO们的最弱项。有些领导不会鼓励员工，像汤姆的老板那样，就是缺乏最基本的领导员工的技能。看完斯坦福大学的研究后，《福布斯》杂志总结道："CEO们在员工管理方面做得很差劲。"

领导们知道这会给他们带来麻烦，这就是为什么这么多人认为当前最紧迫的工作就是把握员工的心灵和思想，建立一支泰国西数那样的团队。这项工作至关重要，而多数领导却不知道怎样去做。不仅是CEO，各个级别的领导都面临这一问题，特别是刚刚走上管理岗位的人。

上海一家工程公司的高管，我们的一个客户，向我们敞开心扉："从法学院毕业时，我掌握了最好的学术、分析、研究的方法和法律工具，但是，我既没有学过，也没有做好准备如何去指导我的员工。第一天上班，我有老板，有下属，有需要合作的同级，但是我没有接受过任何相关训练，不知道如何鼓励他们，或者帮助他们提高业绩。我做的每一件事都需要与人合作，需要与同事们共同实现目标，而所有的事情却都取决于我从未学过的东西。”

这也就是之所以没有产生伟大的企业文化的原因。尽管企业文化有着重要作用，但多数公司仍然在等塑造企业文化的时机。与很多公司上层讨论这个话题时，我们常常引用现代管理学之父彼得·德鲁克的话："文化会把战略当早餐吃掉，如果你能深刻地理解其中的含义，那么就能带领公司获得成功。"

我们在战略计划、新方案、企业绩效、目标和项目计划上花了多少精力和时间？你有没有在强调一个关键的战略转移时忽略或者忘记了团队文化的塑造？你有没有经历过因为团队文化的问题而阻碍战略的发展或改变了管理计划？我们都记得在大选之后，新上任的总统在走廊上对着自己团队所讲的话，以及接下来四年对民众的“行动号召”演讲。而他的对手则说："要尊重他，但也要记得我们可以坐等任何一位领导结束他的战略。我们以前这样做过，也能再做一次。"这便是团队文化的及时回应，利用恰当的时机塑造文化同样至关重要。

好的企业文化应该是由领导主持，特殊设计，并且有一套成熟的语言体系，能让公司里的每一个人都充分发挥才能。每个人都知道该怎么赢得胜利，每个人都能成为领导，你能想象出公司里的每个人都独当一面而带来的成效吗？

本书的写作目的就在于此，核心竞争优势属于那些相信“领导力是一种选择而不是职位”的人。

那么，你们公司的企业文化是有利于发展还是阻碍发展呢？

我们现在邀请你来仔细地培养企业文化。第一步，建立能够高效完成工作的机制，这种机制应该适应大众，而不是为了某种职位特殊设计，这就要求你亲自演示这种文化，而不只是泛泛空谈（最坏的情形是只和某些团队成员探讨），而其结果就是促进企业的每一个层次都有品格高雅的高效领导者，让每一个人在工作中形成一套固定的语言和行为方式，并不断沿用。

你和你的员工是企业唯一可持续的竞争优势。无论是什么行业，如果你的员工一夜之间都辞职了，那么你的竞争优势也就消失了。失去对组织的信心，即便是像汤姆这样的创业者都有可能在白天无法思考。你可能提出质疑：“那么我的品牌呢？我的秘制配方呢？我的宝贵的公司结构呢？我的跨国合作伙伴呢？我的‘超级碗’（美国国家橄榄球联盟年度冠军赛）赛事广告呢？难道这些不是竞争优势吗？”

显然，竞争优势来自许多领域，但究其根本没有一个优势能够离开员工而独立存在。你的品牌、配方、成本结构，你的任何资源和能力，都是员工共同工作的结果，他们不好好工作，意味着你的优势也就没有了。迈克尔·波特在他的著作《竞争优势》中推论："公司到底是活动的集合还是资源和能力的集合？显然二者都是。但活动是公司的行为，决定了相关的资源和能力……活动是可见的、可操作的，直接与成本和分化相关联。"换句话说，你的竞争优势来自活动，而活动就是员工所做的工作。

一个公司可以有独特的品牌，但如果员工没有努力经营、维护、信守，品牌就会消失；可以有令人羡慕的成本结构，但如果员工不去尽力保护，整个结构将会不堪一击，员工的行动是你竞争优势的根本来源。

无论你认为什么是你的竞争优势，都是员工在创造、维持和影响它，让其发挥作用。如果他们像泰国西数的员工那样被调动起来，就会在紧急时刻将公司拽出泥潭，可要是像汤姆一样，对公司没有兴趣、漠不关心、毫不在乎，甚至渐渐疏远，你的竞争优势就会消失殆尽。如果他们不去为你的战略全力以赴，你要想在市场中划分自己的份额简直是空谈。如果公司的员工都像汤姆这般，或者可能有更多的"汤姆"，不管你自己怎么想，不管他们见你时笑得多灿烂，你的竞争优势都完了。正如波特所说，"将公司看作活动的集合，会更加凸显公司的每个人都是战略的一部分。"

每个人每天所做的总和就是“文化”。另外一种方式来考量世界大型企业联合会调查的首要问题就是“怎样建设一种可以取胜的文化”？显然，这是一个关键问题。史蒂芬·柯维博士曾说过：“高信任度的文化是唯一的可持续竞争优势。”（第六章会详细讲述如何建立一个高信任度的文化）企业领导的主要职责就是建立类似的文化，领导者的行为会决定文化的塑造。莱姆·查兰说过：“任何一个公司的企业文化都是公司上层的行为总和，如果你想改变文化，那就要改变领导总体的行为。”

文化就是泰国西数的工人趟过洪水完成工作的原因；就是本田生产线的工人一旦发现质量问题立刻停止工作流程的原因；就是顶级的西南航空公司地面工作人员跑步迎接落地航班的原因；就是如果你购买的商品在家门口被盗，亚马逊会立即无偿给你补货的原因。这些员工的行为都来自高信任度的文化：这就是他们的工作。

当然，文化也是汤姆这样有潜力的贡献者每天到单位微笑、点头却毫无贡献的原因。

哈佛大学教授克莱顿·克里斯丁森认为：“人们常把文化描述成看得见摸得着的工作环境：星期五便装日、自助餐厅的免费苏打水，或者将小狗带入办公室的不成文规定……这些事情不是在定义文化，它们只是文化的产物。”文化的层次更深，是员工习惯性和本能的行为构成了文化，更进一步，这些行为根植于他们的性格中。

这就是为什么要得到唯一的可持续竞争优势——一个伟大的文化需要更深一步的改变。人的行为是品德和思想的产物，是范式的产物。范式，就是人们看待自己和周围事物的方式，要改变文化，需要改变人的范式。

用一个简单的例子解释为什么说范式决定了行为。我和妻子刚刚结婚时，两人共用一辆车。早上，她开车把我送到学校，然后再调头开几英里上班。中午，她会开车回来送我去上班，然后再去她的单位。晚上，她再绕一圈接上我一起回家，那个学期我们的车跑了好多路。

有一天我需要很早去学校，下午又有许多紧急的事，所以当天早上我们仔细地计划了时间安排。她同意午饭时间马上过来接我，于是，中午我安心地到停车场等她，她却迟迟不来。时间一分分过去，我等得越来越不耐烦。那时候还没有手机，我也联系不到她。直到45分钟以后，她才出现，向我解释她工作中遇到点突发情况，我只能咽下苦水，默默忍受。

由于前一天浪费了不少时间，第二天的安排更加紧张，已经没有任何闪失的余地，我走到停车场，想着这会儿她该到了，但是她没有，我立刻火了。我等啊等，担心她是不是又遇到什么突发情况了。一个小时过去了，我生气地想着：要是她没发生什么事，那她到了以后就会有事了！

我踱着步，止不住地烦躁和愤怒起来，突然一拍脑门，醒悟过来：那天是我开的车！我妻子在等我！我如鲠在喉，使劲想着该如何跟她解释。

现在，我们两个都将此事当成笑话了，问题是，我当时用了一种不现实的方式看待事情。当我改变了范式，行为也随之改变，我从愤怒咆哮变成了轻声细语，范式改变的力量就在于此。

苏还记得自己被推举为部门负责人时的情形："我当时很高兴，很多同辈直接告诉我，他们很高兴他们之中有人得到赏识。我紧张而又急迫地想在新的岗位上展示自己，采用的是全盘控制的处理方式，所有的决定都要经过我处理，感到只有这样才能适应新角色。事实上我是想让所有向我汇报的事情都像是我做的那样，毕竟我就是因为这样才得到升职的，但是，我从一个能体谅同事的人变成了事无巨细的控制狂。同事们不再全情投入，很多时候我觉得他们好像停止了思考，就等着我在会议上给每一次讨论注入能量。我花了几个月才意识到是我的管理模式成为了绊脚石，我拖累了产品进度，让正直能干的领导分心，结果可想而知。"

范式驱动实践。举个例子，如果你所在的组织信奉的是你死我活的竞争理念，你就可能为打压对手而不择手段。如果你所在的团队推崇微观管理，你就可能扼杀员工所有的潜力。总之，基于错误原则的范式会毁了你，由此而生的实践或行为会将你带向失败。

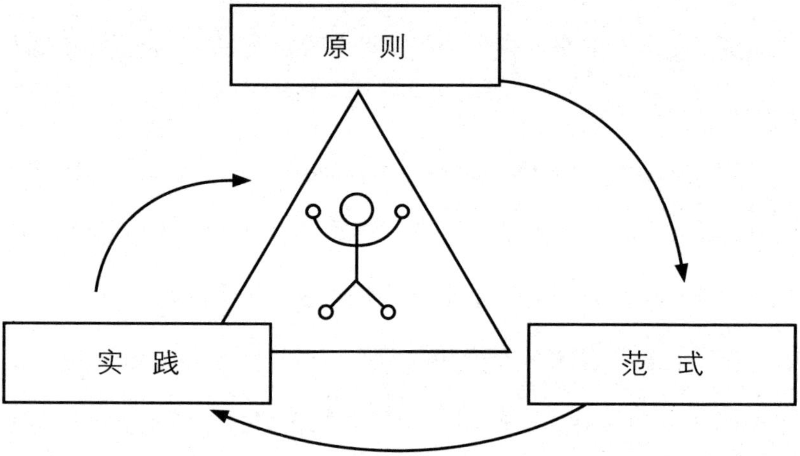

克莱顿·克里斯丁森说过：“文化可以有意识地建设，也可以不经意地养成。”你会为你的团队、工作小组或组织选择何种方式呢？你可以有意识地建设一种泰国西数那样的文化，也可以任其发展成“汤姆”成群那样自由散漫的团队。

如果你想有意识地建设文化，就要知道怎样通过改变他们的范式来改变他们的行为。

改变员工行为的典型方式是奖励或者威胁他们，这就是史蒂芬·柯维所说的“最愚蠢的人类动机理论就是胡萝卜加大棒”。这种方式把员工当成动物一样，只在表面上、短时间内才起作用。

像汤姆这样被威胁的员工会发展成一种害怕范式，他们的行为也是出于害怕而做出的。他们会为公司“工作”，但是永远不会交出他们的真心，不会坦诚地说话或者做任何要求以外的事情。

他们永远不会坦露真实的想法。

是的，他们也会被刺激，刺激着逃避责任，但永远不会被激励。在今天这样的工作环境下，大多数员工都会害怕，并做出相应的行为。他们很少主动，逃避责任，将想法埋在心底，尽可能少地表现自己，以免引起麻烦。工业时代的这种遗风至今萦绕在身边，把员工看作笨蛋，你就永远得不到他们的心，而现在大部分领导依旧没有改变这种作风。

改变行为的秘密就是改变范式，这也是本书的目的：用积极范式取代消极范式，将会带来耳目一新、效果非凡的高效率行动，这就是重要而紧急的工作。

那么如何来开展这一工作呢？

显然，有些人知道应该怎么做，泰国西数的故事就证明了这一点。

富兰克林柯维（FranklinCovey）与成千上万的大公司、小学校、政府部门的员工打了30年的交道，他们向我们咨询，希望获取核心的竞争优势，改变现有状态，从而繁荣发展。与他们合作累积的经验描绘出了一幅准确的图画，就是七个核心范式的转变。

常规范式	高效范式
1. 成为领导者	促使公司的每个人成为领导——为他们成功创造条件是我的职责
2. 在公共领域创建和发布任务书	明确组织的目标，与员工对接并适当调整
3. 制定一个伟大的战略	卓越和准确地执行策略
4. 小投入大产出	提高生产效率
5. 成为你所在行业首选的供应商/雇主	成为你所在行业最值得信任的供应商/雇主
6. 为客户创造价值	帮助客户成功
7. 满足客户需求	提升忠诚度

为什么这7个范式的转变是核心？因为其中的每一个都是源于永恒不变的基本原则。每一个伟大的成就都离不开积极、信任、高效、执行的原则，没有这些原则，人类历史上的任何事情都无法完成。有些人却拥有相反的范式：反动、怀疑、浪费、漫无目的，他们对组织获取成功的贡献几乎为零。每一对成功的关系都是基于互利和忠诚的原则，那些拥有相反范式的人，对人冷漠而且行为不忠，不会对组织带来任何好的影响，甚至会阻止组织向好的方向发展，这些过去的行业范式往往产生被动、相反的作用。

设想一下，如果发生下列情形，你将成为什么样的领导。

- 只有你自己感到要对结果负责。
- 你无法真正影响团队中优秀、有天赋、有技能的人才。

- 你没有完成好某些你认为最重要的目标。
- 你的客户不知道你给他们带来何种价值。
- 他人对你，对同事，对组织缺乏信任。
- 他人对你，对同事，对组织毫无忠诚度可言。

你可以亲自体会为什么这七个范式的转变至关重要，我们能够可以想出许多其他获取成功的要素，但这七个是不可或缺的。领导必须能够（1）将每个员工转变成领导者；（2）领导员工实现使命和目的；（3）卓越地执行策略；（4）释放员工生产力；（5）激发信任；（6）帮助客户成功；（7）创建高度的员工敬业度和客户忠诚度。

这7个范式（第1个范式是核心理念，其余6个则是具体的操作要素）其中任何一条的转变，都是现在取得成功的基础，每一条都从根本上改变着员工的心灵和思想。改变行为或许对于每个人来说都是最严峻的挑战（如果你不同意，可以试想一下对你来说改变你的行为有多困难）。转变很艰难，但必须进行，过去的范式或许在当时是管用的，但我们不能到现在还指望它们，否则就会失去终极竞争优势——那些才华横溢、激情四射、意志坚定、致力于组织成功的员工。

范式就好像是电脑的操作系统，机器只会运行操作系统允许的东西，而过时的应用将无法满足今天的需求。

如下图所示，你需要一个总体的“领导力操作系统”来运行今天的应用——我已经列出的七个范式的转变，就像《高效能人士的七个习惯》一样。在本书中，我将邀你一起使用一种新的领导力操作系统，并将这七个范式的转变“下载”到你的大脑中。

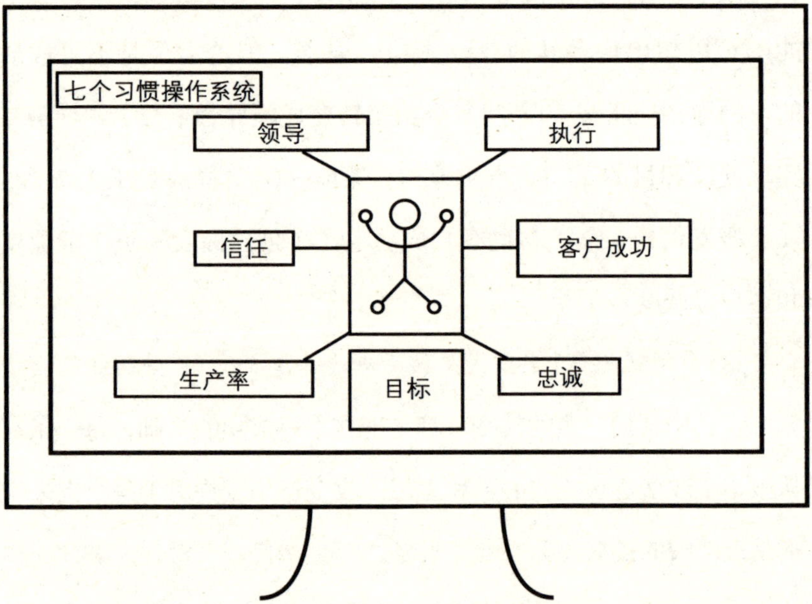

你会发掘出文化的核心，就像是支撑泰国西数公司走出泥潭的精神。通过介绍高效能人士的七个习惯，富兰克林柯维（FranklinCovey）向他们灌输了一种积极和智慧的文化，大约有8000名领导和专家接受了“七个习惯”的训练。洪灾暴发很久之前，“七个习惯”的思想便已在他们员工的头脑之中根深蒂固。

这就是为什么领导们能够说出“振作起来”的号召，西数的工人们便努力自救而其他人却等待救援。

这就是为什么他们强调“要事第一”，公司帮助员工重建工厂的同时重建自己的家园。

这就是为什么他们强调“双赢”，并立即向世界宣布不会有裁员：“我们共同走向胜利，要么就一起失败。”

西数的高级副总裁戴夫·劳奇说过：“我们将自己的价值观向柯维的‘高效能人士的七个习惯’靠拢。西数强大的团队文化让危机处理完美无瑕，所以工厂生产得以迅速恢复。”问到为什么西数与被洪水淹没的其他公司的反应如此不同时，另外一位副总裁撒潘·斯拉潘达说：“‘七个习惯’就是关键，每个人都知道这一点。”

西数团队的成功在于他们有这样的员工，这也反映出他们有这样的领导，西数高效的领导力培养了为公司全心投入的员工，这种投入的价值无法计算。

是时候摒弃20世纪的旧范式了。是时候认真迈向21世纪，释放员工的潜能了。是时候抛下20世纪那种目光短浅、急功近利的工业思维了，不再将员工看作可以替换的零件，而是将他们的心灵和思想作为当今时代的武器。

2

CHAPTER

第二章

范式：促使每一个员工转变为领导者

Framework: The Operating System that builds effective leaders at every level…even you!

任何组织中积极性最高的人都是领导。

领导是对结果负责的人，无论好坏他们都得“拥有”结果，所以他们竭尽所能去争取最好的结果。领导主动关心目标的可能性远远大于其他下属，毕竟下属们不用担责。

东西的主人才会去照看东西，例如洗车、修整房屋、清理花园，人们这么做是因为他们在乎。另一方面，没有所有权才会无所顾忌，谁会去洗一辆租来的车呢？

在一个组织中，道理也一样。领导是目标、项目、措施、系统的所有者，他们面临的一个巨大难题是让非所有者的其他人去在乎这些东西。但是无论给予下属们多少报酬、承诺、晋升机会，他们都不会像领导那样在乎，下属们不拥有任何东西。

自从第一个组织（不管它是什么组织）诞生之日起，领导们便被这个问题困扰，怎样才能激励员工做到最好？年复一年，专权的领导们除了让员工们感到恐惧，再没有别的结果。20世纪，科学的管理者们使用“胡萝卜加大棒”政策，恰好适合那些没有教育背景、对工作期望值不高的工人。过了半个世纪左右，发生了一些变化，员工们的教育背景越来越来高，期望值也随之升高，迫使领导们赋予他们更多参与权。“参与式管理”就此兴起，其最初的目的就是消除官僚层级，从而更加民主。

这种方法没有奏效，却向相反的方向发展：层级观念更加尖锐，内部山头林立，地盘战全面展开，领导和下属之间出现政治斗争。即使在20世纪八九十年代的新兴时代，工业时代的层级斗争仍层出不穷，不可避免地造成了一种心理影响：“我不如你那么重要。”矩阵组织试图弱化这种影响，结果却带来了混乱，组织越复杂，员工感觉越无助。直到2000年，套用某些敏锐观察者的话，出现了这样的思潮：“日趋严重……各个级别的人都很沮丧，讨厌那些毫无意义的层级、傲慢自大的领导、独裁专权的决策、繁文缛节的工作”。

现在，领导们不知所措，迫切地希望找出领导和激励下属的方法：“我是领导还是好朋友？我要成为一个集权的管理者还是放权的管理者？我是X理论管理者，发号施令，看谁是老板，还是Y理论管理者，因势利导，平等待人，善解人意？我是伟大的梦想家，还是温文尔雅的分析者？我是系统论者，还是人本论者？

斯坦福大学哈罗德·李威特教授精妙地描述了领导者们今天

的困境："人本论者重视组织中人的作用，关注人的需求、态度和情感。他们大多反对层级，将层级看作束缚、禁锢，甚至是枷锁。相反，系统论者注重事实、评价和系统，他们大多喜欢层级，认为层级作为有效的结构，可以支撑完成重大事项。人本论者对系统论者的成见是认为他们麻木不仁、固执己见，觉得只要是自己无法衡量的东西就不存在，系统论者则讽刺人本论者头脑发热、情绪激动、思路不清。"

当然，大多数聪明的领导者都徘徊在这些选择之间，渐渐地他们也会根据不同的情况选择不同的风格。有些领导尝试平衡"老板"和"好朋友"这两个角色，但这对关系极难平衡。有些领导们摇摆在不同风格之间，对过于激进的员工进行微观管理，却让其他人都感到被忽略了，也开始激进起来，最终，他们也需要微观管理，如此一来，你逃离了一个危机，又陷入了另一个困境。

李威特教授把这种典型的组织领导方式总结成"依赖、怀疑、冲突、谄媚、误解和诸多其他人类的痼疾在侵害着每个大型机构"。

但是，问题不在于如何在两种没有作用的领导方式之间平衡，而在于找到有效的领导范式。

在我们的文化中，领导一般是由职位决定的，但史蒂芬·柯维说："我并不认为当上了CEO就是领导，CEO并没有比其他任何人更像领导。"他的意思是说，权力的授予并不能让你成为领导，一个职位赋予你权力，但不会让你成为领导，就像有了一双雪橇并不意味着你就是一名滑雪选手一样，一个职位不会自动给予你任何东西。

领导力包含了两层意思：名正言顺的职位和与生俱来的权威。观察一下你所知道的领导，有的人虽身居要职却毫无影响力，有的人确是无冕之王。

实际上，无论他的职位和岗位如何，每个人都可能成为领导。甘地带领整个印度民族赢得独立，却没有一官半职。每个组织都是在一个非正式的核心人物网上寻找智慧、建议和方法的，这些人往往既不是官员，也不是管理者，却凭借着经验和影响力赢得了“非正式的权威”。

依照已有经验，让几个领导决定所有的事情会制约整个组织的发展，这并非新闻，但改变这种情况的努力少之又少。嘉里·哈摩尔说过：“我们的组织仍然给予金字塔顶端的人太多权力和权威……我们应该让领导的工作更加广泛。”

▶ 人人都能成为领导

所以，如果你想调动员工的积极性，而领导的积极性又是最高的，那为什么不让每个人都变为领导呢？

如果你改变内心给领导设定的模式，完全有可能创造人人都能当领导的环境。当你不再认为只有特选的几个人具备领导力，就会发现所有人身上都具备值得提升的领导力品质，执行力、创造力、足智多谋、远见卓识、重视战略，这些品质绝不只有管理者拥有，它们可能在小孩子身上都有所显现。

数万所学校使用“七个习惯”培训孩子的领导力。“学生领导者”常被认为是一群有天赋、外向的孩子，他们担任班干部、运动会主力或者演出的主角，但在北卡罗来纳州的一所学校里，所有的孩子都被期待成为领导者，每个孩子都有可以主宰的领域。管理图书、宣布午餐菜单、收作业、欢迎拜访者、发放洗手液，这些行为看似不像是领导做的事情，但领导力正开始于此。孩子们学会了承担责任，理解了成为一个领导意味着首先要学会奉献。

大多数学生对于自己的职责充满自豪。有些学生不愿意错过学年的任何一天，好让他们承担领导的角色，他们的责任感随着年纪不断成熟：他们记录出勤率、教课、领导培训项目、指导其他学生，甚至为作业打分。每个学生都能在擅长的领域担当领导，一个孤僻的男孩，他的任务就是记录医务室的日常工作。他每天像鹰一样盯着钟表，等着第一时间冲出教室去履行职责，从未迟到。另外一个不遵守纪律的男孩，被安排每天引导其他同学完成几个任务，之后他不仅在轮班时才出现，还会时不时地巡视一番，查看哪里需要帮助，而他违反纪律的问题也彻底消失。

这些孩子无论长大后从事何种职业，都会把自己当作领导。学校推行的这种教育促使他们明白办公室职员和领导之间一个关键的不同——形式上的权力和真正的权力之间的差别。这种观念上的转变带来的成效显著，首先是学习成绩明显日渐提高，其次违反纪律的事件在不断减少。在本书写作的过程中，已经有2000多所采取这个模式的学校取得了相似的成果。

苏提到一位她遇到的卓越领导、美国航空公司的丹尼·弗拉纳甘上校。对于飞机这种已经非常普遍的交通方式，我知道几乎没人能用这位上校的方式接待乘客。

“当乘客们结束一次20小时的飞行后，都拥挤在芝加哥机场，他是唯一会在晚上机场关门之前就把乘客送到橘子郡的机长。时间紧迫而安排紧张，当他戴着小型麦克风组织乘客时，我简直入迷了。他告诉乘客们，他深刻理解大家经历了糟糕的一天，飞机不断延误，他很想按照承诺把大家如期送到加利福尼亚州，但这需要大家的帮助。

“不可思议的是，所有的乘客没有丝毫抱怨，而是排列整齐，主动帮助其他人照顾孩子，拿婴儿推车、拐杖等，这架飞机的起飞效率比我经历过的都要高，而且每个乘客都很高兴。机组人员看着机长亲自帮乘客抱婴儿、登机、拿行李，也纷纷照做。两小时的旅途中我还收到了机长的一张字条，感谢我对此次航班的支持。我至今仍保留着，即便后来坐过几万里程的飞机，却再没见过像那样对待乘客的机长。飞机着陆后我在座位上等着丹尼，感谢他让我体验生命中最好的飞行之旅。我绝不会忘记他说的话：'工作就是每三到六小时就创造一种文化，他认为每一次走上飞机，就有一个机会去实现、模仿和展示什么是卓越，并且他坚信所有的机组成员也愿意这么做。他热爱自己的工作，而这种热情具有传染性。'

"后来我发现这是丹尼·弗拉纳甘的特色，假如航线有变或者延误，他就会预订比萨或汉堡给飞机上的每一个乘客，并和大家解释变动的细节，还时不时开开玩笑：'顺便一提，这是我第一次飞行'，看到乘客们开始不安地躁动时，他幽默地补充道：'今天'。

"除此之外，他让乘客抽礼品，亲自给独立出门的孩子父母打电话，好让他们知道孩子已经安全抵达。他用手机给运送的宠物照相，让飞机上的主人们知道自己的宠物安全又舒适。他亲自帮坐轮椅的乘客登机，他给飞机上的常客发名片，还亲手写上一张纸条，感谢他们与他同行。没有人要求他做这些事，但他用积极主动的话语回应：我每天都用心工作，并选择该有的态度。"

丹尼·弗拉纳甘上校知道领导者和空有权威者之间的巨大差异，任何人只要稍加选择就可以成为领导。了解如何帮助员工做出这种选择的公司会拥有不可思议的竞争优势，因为如果公司的员工都像丹尼一样，那么公司将会所向披靡。

也就是说，领导的主要工作就是挖掘其他领导。杰克·韦尔奇就是这样看待他在通用的工作："困难就在于将主人翁意识……在组织中传递下去。"传奇人物维萨卡的创始人狄伊·哈克认为，领导应该是每个人的工作，即360° 的工作，每个人都应该通过他个人的贡献和影响力，上下左右地进行领导。斯坦福大学关于CEO效率的知名研究发现："将重点放在开发下一代领导上，对于执行长远计划和避免短期思维来说至关重要。"

你也许会问，如果每个人都是领导，那谁来做下属呢？答案很简单，就像去问"买东西时，谁是买家，谁是卖家"，每个人都可以同时扮演两个角色。同一个人既可以买也可以卖，组织中的同一个人既可以是领导也能够被领导。

我们所说的"领导"是什么意思呢？创造一种每个人都是领导的文化是什么意思呢？

这就是说有一种常见的"领导操作系统"可以分享给组织的每个人。你的电子设备上有操作系统，比如，Windows 8.0 或者Apple OS，能够让所有的程序运行起来，没有它，你的设备只是一堆破铜烂铁。同样，你的工作有标准的程序，组织也有特定的领导方式。

你的领导力操作系统是什么呢？你公司的每位员工都知道该

如何成功、如何表现、如何解决问题和创新吗？

正如我们所看到的，大多数组织目前的领导操作系统都是有缺陷的，甚至存在很严重的缺陷，只有那些狂妄自大、粗暴蛮横或者消极攻击的人能生存，而大多数领导只拥有过时的范式：他们尽自己最大的努力负责，而不是鼓励其他人负责。

传统意义上，成为领导、老板、公司要员——公司的中流砥柱，意味着肩负起整个公司，可以说，它的前景艰巨且白费努力。现在，我们所处的位置被那些拥有巨大天赋、能力、经验和洞察力的人所包围，而你却假装自己是这些东西的唯一来源。我们仍然在“领导别人”，仿佛还停留在工业时代，但现在我们已经到达了一个临界点，过去的范式不再有效，让所有人变成领导的全新领导操作系统的时代到来了。

这种新的领导操作系统有什么特点呢？它背后的原则是什么？这种操作系统培养出的领导是什么样的？

- 主动品质：他们对于结果具有主动性和责任感。
- 拥有愿景：他们有一种清晰的使命感，并能传递给别人。
- 要事观念：他们勤劳高产，特别重视完成要事。
- 互利思维：他们具有“双赢”的思维，尊重他人，在考虑自己的同时也寻求惠及他人。
- 感知能力：他们非常懂得体谅别人，尝试着从不同角度理解员工、看待问题。

- 协同能力：他们在实践中注重协同，利用员工的能力和资源来寻找新的解决办法。

- 追求提升：他们总是精益求精，永不满足，永不止步。

显然，任何人都能拥有领导的品质，这与你的头衔或职位无关。这个操作系统或框架让公司里任何一个职位的人，知道公司对他们的期待，知道如何让自己、他人和公司取得成功。

许多年前，史蒂芬·柯维将这些基本特质归纳为《高效能人士的七个习惯》，他的著作席卷了整个世界，从南极到北极，从圣保罗到沙特阿拉伯，发行量超过数百万。书中传递的信息已根植在了许多人的心中，时至今日仍保持着永恒的魅力，许多组织领导已经接受了将每个人变成领导的挑战。

2013年7月，吉姆·柯林斯为《高效能人士的七个习惯》（25周年版）写了序言，他写道：史蒂芬·柯维是一个集大成者，我认为他为个人效能所做的贡献就像是为电脑设计用户界面。在苹果电脑和微软出现之前，很少有人能在日常生活中使用电脑，没有操作简单的用户界面，没有鼠标，没有桌面图标，也没有多窗口显示，更不用说触摸屏了。直到苹果Macintosh电脑和Windows操作系统出现以后，普通人也能够启动屏幕之后芯片的能量。与此类似，关于个人效能千古以来就积攒了很多智慧，从本杰明·富兰克林到彼得·德鲁克，但这些智慧从来没有被收录到一个完整、简易而实用的框架内，正是柯维提炼出这些智慧的精华，创造了一个标准的个人效能“Windows操作系统”，便于世人使用。

无数个想法投入到这个操作系统，成为一条又一条的原则，这就是为什么它们会起作用，以及为什么适用于全世界所有年龄段的人的原因。在一个充满变化、分裂、混乱的不确定世界里，人们需要一个稳定的港湾，需要在面对动荡时有一系列指导。

吉姆在结尾时写道：“《高效能人士的七个习惯》刚满25岁，这正是生命力最强的开端！”

就让我们来看一看七个习惯能给领导者的思维模式、领导技巧和方法带来什么变化吧。

高效能人士的七个习惯	领导的基本特质
1. 积极主动	对于结果具有主动性和责任感。
2. 以终为始	有清晰的愿景和使命感，并能传递给别人。
3. 要事第一	勤劳高产，特别重视完成要事。
4. 双赢思维	尊重他人，在考虑自己的同时也寻求惠及他人。
5. 知彼解己	感知，尝试从不同角度理解员工、看待问题。
6. 统合综效	在实践中注重协同，利用员工的能力和资源来寻找新的解决办法。
7. 不断更新	不断提高能力。

这里有一个关于组织如何成功地将每个人都变成领导的案例——墨西哥的MICARE矿业公司，这座矿山有6000名工人，每人每周7天，每天24小时在地表2000英尺以下的煤层工作。

MICARE成立于1977年，公司唯一的客户是墨西哥联邦电力委员会。该委员会购买MICARE数百万吨煤，用于附近的何塞·洛佩兹·波蒂略电厂发电，发电量达整个墨西哥电力需求的10%。但是从几年前开始，尽管电力需求上升了，煤矿产量却开始下降。

公司董事乔治·卡兰萨·阿吉雷说："我们正在经历着困难时期，需要降本增效以满足更高的要求，问题是员工的压力太大。在这种条件下，各人自顾不暇，部门之间、工人和管理者之间冲突不断，生产效率随之下滑。我们做了许多积极的事情，却仍然缺乏团结和动力。

"我们对员工进行过许多技术方面的培训，教他们操作机器，但需要我们提供不同类型的工具，他们应该学会自我管理。当我听说七个习惯时，我意识到这就是我一直在寻找的体系。

"七个习惯改变了每个人的思维。对于高层，我们意识到如果想建成世界一流的公司，就需要一种新的基本原则，员工是组织的灵魂，让员工变得多强大，我们的组织就能多强大，我们希望每个人都成为领导。"

管理者和工会领导因为七个习惯团结在一起，冲突大大减少。

矿工们开始将自己视作负责任的领导，而不再是受害者，他们开始主动工作，设定目标，合理解决团队合作和生产的问题。

没过多久，这种新文化开始蔓延到工人们的家庭生活中。家属们问道：“单位究竟对我的爱人做了什么？他们现在回到家，做什么事情都会考虑双赢的结果，更加主动，对于生活有了自己的设想，这些东西他们以前想都没想过。”最终，整个家庭都加入了“七个习惯”课程，社区文化也发生了翻天覆地的变化。当被问到MICARE的工人发生了什么变化，一位工人的妻子答道：“内心、情感……各个方面，在家庭，在同事关系上。”

今天，七个习惯标语已经被印刷到了矿山每个建筑的外墙上，甚至矿工在下矿之前，都会将七个习惯贴纸粘到安全帽上。MICARE已经抓住了人们的思想和心灵，七个习惯已经成为每个人标准的“领导操作系统”。

吉姆·柯林斯（《基业常青》和《从优秀到卓越》的作者）将“七个习惯”视作所有成功领导者永恒的“操作系统”：“从本杰明·富兰克林到彼得·德鲁克，关于个人效能方面的智慧已经积累了数百年，但却从没有融入一个便于使用的网络，柯维博士创造了标准操作系统，个人效能的‘Windows’，他做到了。”

你会如何让“七个习惯”成为每个人的个人操作系统呢？

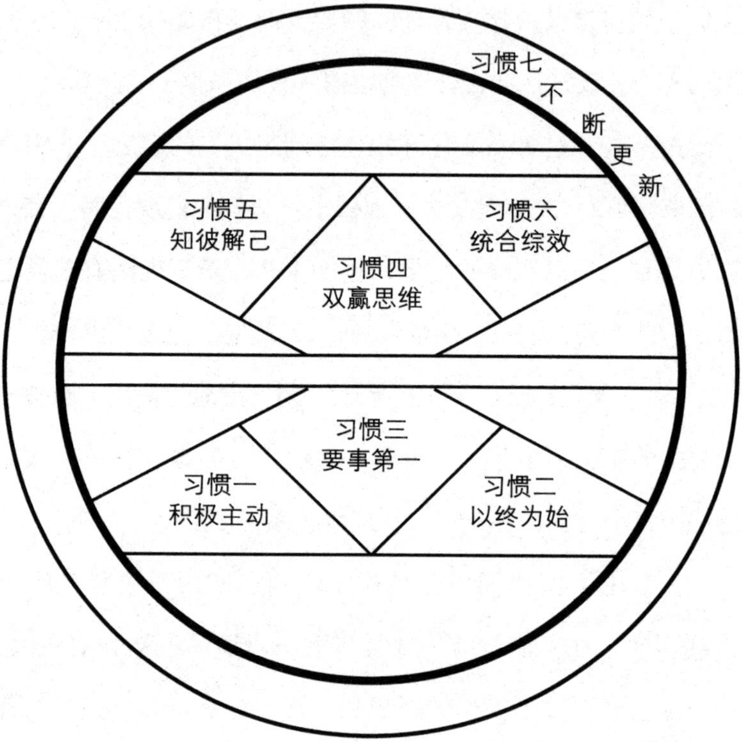

工业时代，领导力代表着职位，知识时代，领导力是一种选择。

——史蒂芬·柯维博士

▶ 领导者应具备的基本特质

这项工作从你开始，改变你的个人操作系统。吉姆·柯林斯说过："企业是否能保持成功最重要的因素实际上很简单：那些掌权人，他们真正的内在动力、品德和志向是什么？"这就是为什么本书首先谈论的是你。无论是否意识到，你实际上正手握大权，你是连接你的集体、团队和组织从过去到未来的支点。重要的不是你是高管还是新入职的菜鸟，无论身处何位，你都可以选择带领团队创造未来，抑或让机会匆匆流走。

真正的问题是，你的内在动力、品德和志向是什么？

如果你将"七个习惯"作为自己的个人操作系统，就可能会不由自主地变成领导，像一个真正的领导那样行事。但是"七个习惯"实际上是一种品德，它们是由内而外的，无法在表面上伪装的。你扮演不出积极主动、信心十足或是同情他人的模样，你的心口不一立刻就会暴露。实践"七个习惯"需要真正地思考你自己的品德和动力，这并不是一定要通过这"七个习惯"让你变得完美，别人只要看到了你的努力，就会原谅你的不足。

要想真正理解高效能人士的七个习惯，并将其融入到你的生活中，需要仔细阅读本书。在此，我们不会对每个习惯逐条深入阐述，而是会将这七个习惯作为领导者的个人操作系统来加以分析。

习惯一：积极主动——掌握先机，为结果负责

任何一个真正的领导，最基本的习惯都是积极主动，意思是，你会习惯性地承担责任，主动有所作为而不是被动行事，你很神通广大，不满足于得到一个否定的答案（至少坚持到绝对无法得到肯定答案为止）。

积极主动是一个简单却深刻的原则，但很多人都觉得它很难。被动、懒惰当然要比自立、出击容易得多。我们不习惯变化，不适应想要改变的人，常常对于自己的能力妄自菲薄，比如，觉得"自己生来就不是一个领导者，不知道要做什么，对周围人没有任何影响力"。

《华尔街时报》报道："大部分管理者究其一生都在疲于应付上司交代的指令，处理下属出现的压力和问题，或者因为紧张的工作环境中出现的迫切要求而忙得团团转……如果你所做的工作只是应付一切事宜，你作为管理者就是失败的。你可能善于解决出现的问题，会娴熟地回应上下级的要求，可能加班加点地工作，深受员工的爱戴和尊敬，成为组织效率的典型，可你不是一个高效能管理者。"

高效能管理者是主动的，不是被动的，他们激情四射、足智多谋，能够找出工作的重中之重。

在影片《死亡诗社》中，一群英格兰私立学校的男孩子正在准备上课。第一天，天真无邪、求知若渴的孩子们规规矩矩地开始了他们的学习，从化学到拉丁，再到三角函数，他们静静地听着每位老师正儿八经地讲课。最后，他们见到了一位新的英语老师，基丁先生。他让一个男孩打开文学课本，朗读前言部分，这是一篇解读诗歌的干巴巴的论文。男孩就这么读着，基丁老师看上去好像并不爱听。他打断了这个孩子，让他把这篇前言从书上撕下来。

孩子们惊讶地看着他，随后，他命令所有学生都把那页纸从书上撕下来，好像这篇论文跟济慈、布莱克、华兹华斯和莎士比亚这些大师的作品放在一起，会对它们的力量和意义产生威胁。老师把孩子们叫到身边，用低沉的声调说："我们读诗，并不是因为诗有多么动听，而是因为我们是人类的一员，而人类注定要充满激情！"

领导的本质就是激情。关于如何领导确实有一套科学的方法，但是相对于希望有所建树、有所贡献的意愿来说，那些方法都是次要的。如果你没有充满激情地投入工作，就需要扪心自问一下其中的原因。

伟大的领导能够"热热闹闹地把事情办妥"，赛斯·高汀说："当第一条路行不通的时候，他们会寻找另外一条路，相信总会有办法，并且努力去寻找。这是一种选择，而不是十拿九稳的事儿。”积极主动的人充满激情，也很机智，主动意味着你有意识地获取解决方法。

一个世纪以前，非洲裔美国女孩玛丽·麦克劳德·白求恩在佛罗里达州代纳托市创办了黑人女子培训学校。她在家中排行第15，从小在极度贫困的环境中长大，父母曾是奴隶，但她凭借着自己的热情得以在学校求学，并最终成为一名教师。她意识到在当时的环境下，黑人女孩很难得到受教育的机会，便产生了自己开办学校的想法。

玛丽的全部家当仅仅是1.5美元，但这并没有难倒她，天底下没有她想不出的办法。她能找到的唯一一处可用作学校的地方就是镇上垃圾场边上的一个棚子，于是她把棚子打扫得干干净净，买不起教学设备，她就用废纸盒当书桌，烧焦的木头做铅笔，烧热的蓝莓汁做墨水，包装箱做课桌，甚至在晚上睡不着时，还一直在想怎样把桃篮子变成椅子。

1904年，学校开张了，有5个对知识如饥似渴的女孩、6本书和满腔热忱的玛丽·白求恩老师。她教她们阅读、写作、数学，也教她们想各种办法改善教学条件：怎样才能让学校变得更好？有人知道用苔藓做床垫，有人知道怎样烤馅饼。于是，她们做床垫卖给邻居，将土豆甜饼卖给来到代纳托海滩参加汽车赛的游客，靠着这些手工活儿赚来的钱来为学校支付着每个月11美元的房租。“我觉得钱只是我面临的最小的问题，”玛丽后来写道，“我相信上帝，相信自己，我愿意去奉献。”玛丽的小学校最终发展成白求恩·库克曼大学，今天拥有4000名学生，3400万美元的资金捐赠。

知道玛丽·麦克劳德·白求恩故事的人，无一不因她的资源如此短缺而感到惊叹。我们的创造力就是自己最大的资源，但是只有主动的人才会利用这种资源。你是一个足智多谋的人吗？你周围的人是吗？你是否生活在一个孤立、缺乏激情和想法的文化背景下，制约了你去实现自己应当做出的伟大贡献？

习惯二：以始为终——拥有使命感

优秀领导的第二个基本习惯就是有清晰的“以终为始”的理念，有可以激励自己的愿景和使命，同时对于自己所做的任何事情，包括行动、项目、会议等都有清晰的目的。原理很简单，尽早知道你的目标，即使最终达不到，你也是在朝着正确的方向努力。

有人说：“谈论愿景纯粹是在浪费口舌。”传奇人物郭士纳在接手即将陷入困境的IBM公司时曾经说过一句著名的话：“IBM最不需要的就是愿景。”他又补充道：“我是说我们现在不需要愿景，IBM的愿景宣言塞满了所有抽屉。”对他来说，IBM并没有实践这些愿景：“只不过，我们没有动手落实工作。”

人类做的每一件事都是愿景的结果，从土豆削皮器到名画《蒙娜丽莎的微笑》，都是首先在头脑中设计出来的。有意思的是，我们知道要怎样设计土豆削皮器，却不擅长设计自己的生活。我们放任自己的生活，对生命中许多重要的东西都没有怀抱愿景。

我们多久会听到一次这样的质疑："总部的人根本不知道自己在干什么，整个公司在漫无目的地飘着，有人知道我们的方向吗？"

许多公司将空洞、浮夸的任务宣言镶嵌在铜框里："我们的使命是让股东价值最大化；我们的存在就是要为客户提供优质的服务；我们致力于提供增值的解决方案，努力超过客户预期，力争通过不断改进独特的整合资源，在未来的全球化市场竞争中占有一席之地。"这些任务宣言都很相似，没有热情、愿景，甚至没有丝毫感情。很难想象"我们的价值观是股东利益最大化"这样的宣言能够激励员工，或是吸引客户。

"我们真正的任务是什么？或者我们真的有任务吗？如果有，它有意义吗？其中有热情吗，有激励吗？我们怎样衡量成功？"这些问题听上去很简单，但是，多数管理者从未问过这些最基本的问题，哪怕想到过，他们也不敢去问，为什么？因为，实际上他们内心清楚得很，不是吗？

甚至很少有人问自己："我的任务是什么？我应该为这里做出什么贡献？我想要做出什么改变？工作中有什么值得我铭记的？

当我离职后，人们怎样谈论我，或者会记得我吗？”又有多少人认为自己在“用腿工作”，而没有为工作付出任何心血？

“人类充满着激情。”《死亡诗社》中基丁老师对他们的孩子们这样说。“我们为什么活着？”他像诗人惠特曼那样发问，“伟大的剧作仍在上演，你可以贡献一个诗篇，你的诗篇是什么？”

对我们每个人来说，这都是一个棒极了的问题。我们每个人的“诗篇”是什么？我们会为这个世界做出怎样的贡献呢？

“创造”，或者更准确地说，“发现”，你的任务是一个艰巨却有力量的过程，可以帮助你理清自己的价值观，决定怎样安排自己的时间以及做出什么样的贡献。它会让你的工作充满意义，你可以帮助你的团队设计这种任务，甚至可以影响你所在组织的任务。

当玛丽·白求恩为她的学校奔走呼吁的时候，她勇敢地跑到代托纳比奇一幢富丽堂皇的度假屋介绍自己，房主是一位老先生，接待了她。他很喜欢她送的土豆甜饼，并礼貌地询问她的情况，让她非常高兴。她骄傲地介绍了自己的学校、图书馆、小礼堂、穿着校服的可爱女孩们，“真希望您能成为我们学校的受托人之一。”她说道。

有一天，老先生的豪华轿车意外地停在了学校门口。他下了车，环顾四周，只看到垃圾场边上的一间草棚。一个女孩大声地朗读着地理课本，其他孩子却在给土豆剥皮、煮土豆、制作甜饼。

玛丽解下了围裙，双眼直视着这位先生。

“你让我成为受托人的学校在哪儿？”他问道，显然不太高兴。

玛丽微笑着回应他：“在我的心中，在我的灵魂中。”

犹豫了一会儿，宝洁公司的创始人之一、象牙皂的发明者、拥有亿万财富的詹姆斯·甘保写了张支票。甘保先生被玛丽的愿景打动，余生都在为实现这个愿景提供帮助。

但是，白求恩学校只是玛丽愿景的一部分，“非洲之鼓还在我的心中回响，”她说，“只要有一个黑人孩子没有机会去实现自己的价值，我就不会停歇。”在甘保和其他人的支持下，她为非洲裔美国人地位的改变做出了杰出的贡献：她协助建立了全美有色人种妇女协会，让黑人享有投票权（为此3K党几次找她的麻烦），她是美国联邦机构“黑人事务处”第一位女性负责人，富兰克林·罗斯福总统和夫人埃莉诺的贴身顾问。最后，她成为出席联合国成立大会的唯一一名黑人女性。

再次强调，第二个习惯也需从你开始。你未来的任务或愿景是什么？你会为现在的工作做出什么贡献？一旦你发现并仔细定义了自己的任务，具有明确的“以终为始”的理念，就会开始影响他人，鼓励他们做出自己的贡献，就像玛丽·白求恩所做的那样。

杰克·韦尔奇说过：“好的商业领袖创造愿景，表达愿景，热切地拥有愿景，而且不遗余力地实现愿景。”你的领导力就始于向别人展示“你要去哪儿，你的梦想是什么，你要成为什么”。

习惯三：要事第一——专注于完成正确的事

优秀领导的第三个基本习惯就是要事第一。如果你很清楚自己的任务是什么，那就很简单。没有任务，你也很难讲出什么是要事。

许多领导都有这个问题，他们对自己的最终目的认识不清，无法区分什么是关键重点，什么只是当务之急。他们所说的许多当务之急，既不重要也不紧急，事实上只是暂时分散有效完成任务的注意力。

2005年9月炎热的一天，加利福尼亚州托潘加峡谷突发山火，大火与洛杉矶城只有一山之隔，一场巨大的灾难似乎迫在眉睫。这个美国最大的城市之一最终逃过一劫，损失减至最低的原因是洛杉矶县消防局一直遵循“要事第一”的原则。

大部分人都认为消防局的任务就是灭火，但是洛杉矶县消防局却不这么看，他们的任务是预防火灾对生命和财产造成损伤。他们不想消灭任何火灾，因为他们永远都不愿意去面对火灾。所以，他们很久以前就采取了积极的措施，教育民众在房前屋后预留出“防卫空间”，清理树丛，消除火灾隐患，创造安全空间。他们有意识地朝着目标工作，因此托潘加峡谷大火的破坏程度远远小于预计水平，洛杉矶县消防局从不需要消灭已经防范过的火灾。

相反，多数领导都将他们的大部分时间用在了“灭火”上。你总是听到人们说“忙得不可开交”，手头有许多紧急的事情需要及时处理，永远有干不完的活儿和完不成的计划。

还有什么事情比灭火更重要的吗？防火！

这就是要放在第一位的要事，如果任务是保护生命和财产安全，那么目标一定不能是灭火，而是防止火灾的发生。

《华尔街时报》曾这样写道：“我们应该做什么？”这是管理者们必须回答的第一个问题。“我所管理的组织的任务是什么？完成这个任务的战略是什么？我未来的目标是什么，它和战略、任务是一致的吗？我的团队的总体目标是什么，每个队员的任务又是什么？”一旦明确了任务（习惯二），领导的工作就是为完成任务设定具体的目标（习惯三）。

记住这个原则：“不参与、无承诺”。

当领导只是给团队下达命令，而没有让成员们参与这个过程时，就会发现承诺的可信度很低，破坏性却很高，同时，不能仅仅把他人的投入作为你前进方向的唯一基础。领导不只是一个调查员，不可能同时让所有人都满意，因此也不必尝试，只须让员工参与到关键决策，让他们帮助你明确团队的方向或获得主动权，一旦你得到信息和资源，就要表明自己的立场，你分享的任务就是指引你决定什么是要事的指南。

那么，什么是你的要事呢？为了完成你的任务，你必须制定什么目标呢？同样重要的是，你可以对什么目标说不？

习惯四：双赢思维——让他人受益也让自己受益

真正的领导者的第四个基本习惯是具有双赢思维，也就是说，既尊重自己，也尊重他人。无论是在商海，还是在生活中，只有各方共赢才能取得成功，尤其是从长远的角度来看就更是如此。

你可能会说："商场如战场，只要客户做出选择，那便有人成功有人失败。"你说得没错。在相互独立的情况下，一方取得胜利无可厚非，但即便在竞争最激烈的情况下，仍然需要相互依赖。比如，航空公司需要你购买它们的席位，然而一旦自家飞机发生机械故障，就会把别家的航空公司推荐给顾客，几乎你做的每一件事以及你依赖的每一种关系都会帮助别人成功。

2008年，全球金融危机爆发，忽然之间，获取信贷成了一件几乎不可能的事情。戴夫·斐思伟，一个小有成就的面包车商人，发现他的生意一夜之间一落千丈。戴夫一辈子都在英格兰北部的伯恩利小城经营着自己的生意，对此他感触良深："许多客人都是贷款买客车，他们都是体面、勤劳、值得信赖的人，一般都能按时还上欠款。这场突如其来的信贷危机，让许多我认识了好多年的人没办法再从银行拿到一分钱。”

伯恩利的失业率已经达到13%，再这样下去真的要垮了，“看看周围，各个行业都濒临崩溃，商户空无一人，几乎每家门口都挂着‘出租’的牌子。每次一个行业垮下去，其他的行业也会跟着失去客户，又向深渊近了一步。问题在于没有钱让经济运转起来，银行也想不出任何办法。”到处都是双输的局面。但是戴夫·斐思伟是一个积极、有见识且具有双赢思维的领导者，他觉得自己应该为伯恩利人民开一家银行。“为什么不呢？”他想道。

政府驳回了他的请求，并告诉他，根据法律规定，他需要储备几百万英镑才能获得银行执照。如同其他积极的领导一样，他拒绝接受否定的答案，并找出了一个漏洞：不以银行的名义，他就可以开这家银行了。他打出了“戴夫帮忙”的广告，将店铺开了起来。戴夫的理念就是双赢：他给存款人高于其他任何银行的利率，吸引了许多热情的客户。他亲自了解每个借款人，保证每一笔贷款的信用。他的信任取得了成效，放出的贷款中只有2%的拖欠（在传统银行中，拖欠还款率为9%或10%就相当了不起了）。

特纳夫妇想要从事餐饮行业，却无法从银行取得贷款，他们找到了戴夫，想要借8500英镑，戴夫不仅提供了贷款，还在市场、广告方面提出了许多建议，并向他们介绍了当地的商业环境，最终帮助他们在一个大型建筑工地旁边开了一个三明治站。结果他们吸引了一大批顾客，“如果没有戴夫的贷款和建议，我们肯定没法做到这些，他帮我们打开了一扇窗。”当然，他们及时还清了所有欠款。

戴夫·斐思伟周围的所有人都赢了：他的储户、他的借款人和当地的经济，而他也赢了：“如果没有人买新的面包车，就不会有戴夫·斐思伟面包车店了！”他将双输的局面成功地转变成了双赢。

戴夫懂得一个基本的领导原则：只有他人成功，你才能成功。因此，双赢是一个领导唯一的理性途径。你觉得自己是一个双赢思考的人吗？你从何得出结论呢？别人怎么评价你？你是在一个双赢的环境中工作吗？

习惯五：知彼解己——站在对方角度考虑，理解对方的立场

领导者的第五个基本习惯是在表达自己的意思之前能够理解别人，基本的原则是“感知”：站在他人的角度看问题，你就能体会别人的感受。

为什么感知对于领导来说是一个重要的习惯呢？

设想一个商人一直对客户的需求不闻不问，那么他还能在这个圈子里维持多久？如果一个项目经理不去感知团队成员会发生

什么？一个老师不去感知他的学生会发生什么？一个航空工程师在设计飞机时不去感知乘客会发生什么？医院管理人员不去感知病人会发生什么？

当然，大多数领导都能在一定程度上感知他人，问题不是他们不会去理解员工，而是他们认为员工必须解决所有的问题。领导们都有一种冲动，最好是自己能搞定所有的事情，最差也要能打个圆场。这是一种自然的冲动，尤其是男性领导，迫切希望自己一出手就能立刻扭转乾坤，让所有人的问题迎刃而解。找到问题的解决办法当然很重要，但是你很难解决自己不理解的问题。

“我没时间倾听，”臭名昭著的服装公司阿尔法领导人说，“我已经了解问题的所在，也知道解决的方法了，我比他们都聪明，为什么要浪费宝贵的时间来听别人说话呢？”

而当被问及“你会给新上任的首席执行官提出什么建议”时，巴宝莉CEO，能力非凡的安杰拉·阿伦德女士的回答只有一个词：“倾听”。那么领导能犯的最大的错误是什么呢？“不去倾听。”

在阿伦德的领导下，巴宝莉从一个已经失去竞争力正在走下坡路的品牌成长为全球高端服装市场的领袖，巴宝莉的营业收入增加了三倍，超过30亿美元，股票价格也增长了三倍。巴宝莉时装秀在YouTube上的点击量有100万次，Facebook的关注者有1500万人，它已成为世界顶级奢华品牌。显然，安杰拉·阿伦德对于领导团队是有一套的。

“只要去倾听，去体会，去感受，这对于处在那个位置的A类性格的人来说有难度，但是从长远来看，这样做是最明智的。”对于阿伦德来说，带着感知的倾听是领导技能的关键。

巴宝莉的复活出人意料，这个品牌被假货和仿品打击得遍体鳞伤，著名的巴宝莉格子几乎毁于一旦。阿伦德将自己置于巴宝莉消费者的角度上思考：“这款陈旧的巴宝莉风衣为什么著名呢？”她倾听销售人员的意见：“我们不应该把精力放在一大堆Polo衫上，而应该专心做好一件风衣。”她倾听年轻人的心声：“我们想在网上看到它，点击键盘就能立刻买下来。”通过主动了解，阿伦德设定出了一系列措施：她撤下数百个口碑欠佳的平庸产品，换上时尚漂亮的巴宝莉外套，并将公司产品搬到网上，赞助了史上第一个YouTube 3D时装表演。就此，巴宝莉重新起航。

许多新上任的领导喜欢将自己的愿景强加给别人，但是伟大的领导会通过感知他人来塑造愿景。“如果我在一开始的前一两个月就把我所有的想法都实施了，那我想象不出以后要怎样发展。”阿伦德说，“领导者犯的最大错误就是不去倾听，不去感受，不充分利用自己的团队。我们会出于各种原因雇用专家，到了外国，会雇翻译，到了法庭，会雇律师，在生意场，也该如此。”不重视他们的贡献，那还要团队干什么？

实践习惯五只需要倾听，没有别的。倾听，不要打断、评论、分析、怀疑，不要想你下面应该说什么，只需要仔细倾听对方在说什么，对方的感受是什么。

你的目标是去理解。如果你是一个领导，这就是你的工作。没有感知和理解，你将脱离客户和同事。只有站在别人的角度，你才能以面向客户的态度为他们提供服务，这是他们真实想要被服务的方式。

对于需要面对全球市场的领导者来说，感知能力更加必要，领导每天都应该与雇员和客户进行互动，这一点在中国尤其重要。西方的CEO们可以一天到晚把自己锁在办公室里，但是中国的管理者要在员工和同事身上付出更多精力，正如一位专家说的那样：“在中国，领导是一项接触性项目。”

一家欧洲公司在中国成立了一家合资公司，他们派去了一位在国内业绩优异而无涉外经验的人。他是位优秀的“数字”君，却是位差劲的倾听者，几乎从不关心周围的人，从不在乎别人的看法和观点，只希望员工听从他的要求，却不听取客户的反馈和意见。两年后，这位执行官被换了下来，但是已经造成了不利影响，公司业务停止了18个月。

只有能够感知的领导才能释放他人的潜能，相反，不能感知的领导实际上是在暗处工作，因为他们忽略了团队成员的热情、天赋和能力。不深入了解一个人，就不可能发现并刺激他的动力。海蒂·哈尔沃森教授说过，有些人喜欢宏大的目标，而有些人生性多疑，不喜欢冒险，除非找到每个人的“倾向匹配度”，否则在激励员工的时候，你将很难做出正确的选择，找到每个人“倾向匹配度”唯一的办法就是倾听和理解。

感知对于有效领导是至关重要的，它也是无法伪装的。柯维博士说过：“那些认为自己不得不关心他人才这样做的领导无疑是错误和失败的，他们的错误之处在于尊重人本身就是一种终极目标，他们的失败之处在于这样做迟早会被人发现。”

对于许多人来说，感知能力不是与生俱来的。实际上，在评价千千万万人的不同领导风格和效力时，这一点历经的实践最少，可毫无疑问，它是最必要的技能。

习惯六：统合综效——利用他人的天赋和资源

真正的领导者第六个基本习惯是与他人协同，其基本原则是总体要大于部分的总和。一个拥有各种技能人才的团队总会比单个人更有效率和创造性，更不用说胜过一个想要找到办法的孤立无援的领导者。三个臭皮匠，赛过一个诸葛亮，一个人和另一个人的合力有时能够打过三个人、十个人，甚至一千个人。比如，一匹马能拉多少公斤的货？答案是大约400公斤，那么两匹马能拉多重呢？答案是1600公斤，也就是1+1=4。这个简单的算术题并不是看上去的这么简单，为什么会得出这种结果？这是因为两匹马一起拉车，互相弥补了对方的短处。它们给予了对方力量，又填补了彼此的不足。每匹马单独出现时力量有限，一起时的力量却令人惊叹！

我们嘴上一直说要多样化，可多数领导者却故步自封。每个人都称赞合并，因为这是一种“协同增效”，但多数合并都失败了，因为协同得不到许可（婚姻失败大多数也是因为这个原因）。

一家大型欧洲建筑公司希望进入北美市场，于是收购了美国南部的一家水泥公司，每个人都期待着协同效应：收益额看起来更可观，两个公司的能力也可以互补。但是，年复一年，其业绩不断下滑，直到CEO绝望地找到麻省理工学院史隆管理学院的研究小组，才找到了问题的根源。

他们总结道：“预期的经济协调效应并没有出现，因为他们没有注意到心理的协同。”报告称，被收购的公司员工存在一种“公开的敌意”，他们“讨厌”欧洲所有者，不愿意与他们分享数据，甚至没有自己CEO的批准都不允许他们进入公司，“合并的目的是让各个部分相加超过单独的价值，但显然这里没有做到。”

通过进一步调查，研究小组发现母公司没有重视被收购公司里不同的文化、理念和资源，他们本希望自己的潜能得到释放，结果却感到被束缚了。当人们获得职务的时候，就会变得过于有支配欲而不自知。他们的身份被端了起来，产生一种“在这儿我说了算”的心态。他们重视整齐划一，于是会压制团队中不同的想法；他们想发号施令，于是强迫大家意见统一；他们喜欢自己的方式，于是排除团队中不同的声音，协同就这样被压制了。

最讽刺的是协同本是拥有一个团队的初衷，每个人都是独一无二的，有着单独的天赋、才干、热情和技能，没有两个人是相同的，高效能的领导可以利用这些差异。

设想一下，当空客公司将生物学家、生理学家、艺术家、分子物理学家、设计师、心理学家和一两个航空工程师组织在一个房间，让他们设计未来的飞机，这些人的理念将为空中旅行带来怎样彻底的革命。

想象一架模仿人类骨骼的飞机，可以像运动员一样扭转、翻转、跳跃。飞机不再会磨损，而是像人类的肌肉那样，外壳随着压力的增大而越来越强壮。它的结构就像人体的骨架，行李舱依照人类肩关节设计。坐下以后，座位会根据人体进行个性化的调整。客舱内不再昏暗拥挤，变得宽敞明亮。飞机的外壳可以传输光线、能量甚至数据，为乘客带来音乐、视频和虚拟高尔夫游戏。我们最先进的飞机由纳米管组成，仅相当于一架大型3D打印机重量的一半。

"未来的飞机会有自己的意识，"设计者称，"它更像是一个活的有机体，而不只是高科技的组合。"

这就是协同团队的力量，是所有人技术、智慧和能力的奇迹组合，没有一个人能独立完成。在这个团队中，每个人都是领导。

等等，你想问，怎么能让团队中的每个人都成为领导？

设想团队中的每个人都是领导，每个人都积极主动，目标明确，每个人都为对方争取利益，设身处地为他人着想，虚心听取各种不同意见，总之，将七个习惯作为操作系统，这样的团队不正是你现在所需要的吗？

你是愿意接受还是排斥不同意见？你对于别人的想法是谨慎、保守、封闭的吗？你有患过"非我所创"综合征吗？你的团队是协同的典范吗？团队成员感觉自由自在，还是束手束脚？

习惯七：不断更新——让自己变得更好、能力更强

领导者应具备的第七个基本习惯是不断提升自己的能力，而不是让能力消失殆尽。基本的原则是如果你忽视自己，忽视自己的健康、学习和人际关系，就会像一把过度使用的锯子那样迟钝和无用。任何没有持续进步能力的组织都不可避免地会衰败，而持续改进从你开始。柯维"不断更新"习惯背后的整个思想就是：不断地学习和成长，这对公司还是个人都至关重要。

万能牌曾是欧洲最大的家电制造商，却因没有“不断更新”而毁灭。公司于第二次世界大战后成立，当时还只是一个小工厂，它的创始人是食品加工机的发明者马列特，到20世纪70年代，已经成长为行业巨人，生产线上雇用了几千名工人，利润源源不断地涌入。

但是由于领导者停止了学习，万能也就停止了学习。领导们认为原有的商业模式可以永远沿用下去，只需坐享其成，然而这个时候，东南亚急于发展的新兴企业却在仿造万能的产品，并且质量更好，价格更优惠，他们压缩成本，提高质量，致使万能曾经占有的全球市场一去不复返，领导们一蹶不振。2001年，这一行业巨人破产了，这就是不更新导致失败的经典案例。

“好的，”你说，“他们是自讨苦吃，但我们不是这样的，我们灵活、敏感、求变，一直在改进工作。”

如果真是这样，你们就属于例外。一项针对全球主要行业公司的调查发现，超过60%的公司只是尝试而没有真正实施持续改进计划，这还不包括没有尝试过的。已经成功的人认为，领导者的决心是他们取得成功的主要因素，而那些失败者绝大部分将失败的原因归结为领导的不重视（高达88%）。

你是在一个“不断更新”的组织工作吗？你们的团队有提升员工能力的系统化的途径吗？什么能够证明你们的核心工艺一直在改善呢？

你自己呢，在思想和精神上要求进步吗？你是一个孜孜不倦的人吗？你是否努力维护你最重要的人际关系？

▶ 帮助员工成为领导者

操作系统是支配行为的一组规则，有了像Windows、iOS或Android这样强大的操作系统，你可以轻松地运行很多应用，保持与世界接轨，具有安全感。

领导操作系统也该如此，它是支配你作为领导的一组规则，你可以自信满满地使用它处理各种问题和挑战。它让你与世界接轨，站稳脚跟，你应该相信它是有用的，不会让你失败。

这些标准都由七个习惯延伸而来。“你怎样培养领导？”吉姆·柯林斯问道，“首先要培养品德，这就是为什么我觉得七个习惯不只是关乎个人的效能，也关乎领导力的发展。”有了七个习惯作为领导操作系统，你就可以应对今天混乱无序、不可预知的世界，你在工作和生活中与重要任务的联系会更加紧密。系统的安全性也毋庸置疑，因为它是建立在普遍适用而且经过检验的原则之上的。

怎样将七个习惯作为你的个人操作系统呢？这与将操作系统安装到电脑上的方法差不多——下载它。阅读本书，参加课程，开始使用系统，体会更加主动、生活目标明确、卸下一堆无用的

“重点”是什么感觉。尝试用双赢的心态与人交往，不再去“修整”一个人，而是试着去理解别人，接受别人为你的生活和工作带来的贡献。

实践了这七个习惯，你就不再需要领导那个名誉的头衔，而会自然而然地转变成领导。

现在，如何帮助别人变成领导呢？加里·哈默尔曾问过：“当人们没有名正言顺的权威时，他们怎样才能行使领导权力，我们能教授他们什么呢？”换句话说，怎样将这七个习惯操作系统安装到他人身上。

接受了七个习惯的教育，整个团队和组织都将彻底转变。有些领导者主动将七个习惯作为行为标准，你的影响力可能现在还没有那么大，然而，一旦将七个习惯运用到工作中，它必定也会在你的生活中产生积极影响，当别人注意到这些时，你的影响力自然就会扩大。他们把你当作榜样，你因此转变成了领导。

但是，你能做的不只是照搬七个习惯。本章最后一节是你和团队一起“下载”七个习惯操作系统的说明，仔细按照要求做，你会完成现在需要做的工作。影响世界的很多国际领导者，都刻意将七个习惯作为日常行为的体系，并加入自己的思考。这些领导者告诉我们七个习惯的重要性，把七个习惯作为日常生活的一部分，按照原则持续实践，而且不断调整行为。

Centiro是一个云搭载管理软件公司，总部位于瑞典。他们的客户名单令人印象深刻，苹果公司、美国玩具制造商美泰、宜家家居都位列其中。在与富兰克林公司合作之前，他们的企业文化已经很强大，甚至令人佩服。他们实现了目标——成为欧洲最适宜工作的地方之一，企业盈利的成绩单也很可观。至此，CEO尼可拉斯·赫定面临的最大挑战是如何让公司更进一步。当我们的同事亨利·罗维特第一次见到尼可拉斯，与之一起讨论七个习惯的时候，亨利注意到公司强大的文化已经存在。他们决定让七个习惯成为这种企业文化的孵化器，特别是，他们觉得这是一个机会，可以建立共通的语言体系，让企业文化的作用最大化，充分发挥员工的潜力，并使计划和行动更为和谐。

Centiro有趣的地方在于尼可拉斯特殊的角色，他几乎是一个人拥有解决办法。我们的合作开始于跟领导者的合作，CEO尼可拉斯和李斯柏斯得到认证成为七个习惯培训师，回去培训员工，他们清楚地表明："这些原则就是我们办事的基础，生活中和工作中都是如此。"站在你的员工面前时你不需要有任何掩饰，Centiro的领导者有意地成为楷模，以便创造和加强他们心目中的企业文化。尼可拉斯相信，作为一个CEO，最重要的工作就是创造和延续一种制胜文化。

结果怎么样？尼可拉斯告诉我们："完成了好几件事，首先，每个人都明白了他们为什么是公司的一分子。连同领导部门在内，公司最近完成了一次重要的重组。变化总会引起骚动，即使是在最稳定的企业文化中，变化也会让人不安，结果就是有一些人不愿留下来了，现在离开也比以后离开好。大家更加团结，有一个环节已经成为我们工作的组成部分，在公司里安全‘着陆’。重组后公司并没有收到负面评价，员工适应了新的团队，在新的领导带领下，员工们能把所有精力用于执行计划，我们有了持续稳定的协作。”

传奇人物哈佛大学战略学教授约翰·科特说过：“领导力的核心绝不在战略、结构、文化或者体系，而是改变他人的行为。”改变别人的行为方式，就是改变他们的范式，采用有效的“领导操作系统”，这是目前工作的重中之重。

▶ 实践步骤表

现在，只需做出七个承诺，你就踏上了成为一个高效能领导的旅程。

原 则	承 诺
主 动	习惯一：主动，使用主动的语言。 不要再说： “我可不行，我们没有资源。” “他们不允许这样做。” “不是我的责任。” 换成： “我可以的。” “我找到了资源。” “我们还没和对方谈过。” “只有我自己能对我的生活和工作负责。”
	今天在哪些情况下我可以更加主动？

原 则	承 诺
愿 景	习惯二：目的性，掌握做事情的目的。 做事之前先思考：“我最终的想法是什么？我/我们为什么要这么做？”这周在开始有关项目、会议、信息、文件等任何工作之前都先思考这几个问题。
	今天在哪些情况下我需要明确目标？

原　则	承　诺
愿　景	规划未来。 你怎样规划自己1年、5年或10年的工作？你怎么规划你的团队和组织？你真正的任务是什么？你希望离开以后别人如何评价你？把这些都写下来。
	从今天起，我怎样确定自己的任务？

原　则	承　诺
效　率	习惯三：高效率。 只做真正重要的事，抛开不重要的事。做好每周规划，这样你的日程表上就能显示出首要的和次要的工作。想一想怎样完成本周的任务？
	我今天可以把什么工作停下来？

原 则	承 诺
互 利	习惯四：互利互惠，在获得自己利益的同时惠及他人。 谁能帮助你实现愿望？帮你实现愿望对他们有什么好处？与他们制定双赢协定，指出他们能获得什么好处。
	我在何处因别人而获利？ 别人在何处因我而获利？

原 则	承 诺
感 知	习惯五：倾听，学会倾听。 闭上嘴巴，带着感知去倾听，这意味着放下工作，全身心地了解别人（不是说你要同意他们的想法，只要去理解就行了）。倾听你的同事、领导和客户的想法，在给出自己的意见之前先试着去理解。
	今天我需要倾听谁的想法？

原 则	承 诺
协 同	习惯六：协调，与同事一起寻找你之前从未想过的办法。 不要再故步自封，只埋头于自己的解决方案。处理问题时，问问其他人："我们去寻找一种之前从未想过的方案怎么样？一种比现在更佳的方案怎么样？这种方案是什么呢？"
	今天在哪些情况下需要协同的解决办法？

原 则	承 诺
不断提升	习惯七：精益求精，在身体、思想和人际关系方面精益求精。 你如何进一步提高自己的能力和思想？你需要学习什么来改进自己的工作？你需要加强什么关系？如果你手中的锯子不够锋利，就不可能成为真正的领导。
	我今天需要改进什么？

你可以做更多有用的事情来下载这个精神操作系统，包括阅读《高效能人士的七个习惯》。你能从中得到评估和训练，更好地培养这些习惯。

3

CHAPTER

第三章

要素 1：领导员工实现使命和目的

Practice 1: Lead With Purpose

没有目标和方向，光有努力和勇气是不够的。

——约翰·F. 肯尼迪

在印度孟买这个有1700万人口的城市，快餐有着特殊的意义。

每天，大约有5000个“达巴瓦拉”或“饭盒人”（译者注：指印度孟买从事将刚做好的午饭饭盒从上班族的住家运往他们工作地点，并且将空饭盒带回来这一行业的人）要把100万个自制盒饭供给这个庞大、吵闹的城市，速度极快几乎零误差！

因为在城市上班的人喜欢家庭自制午饭，上万个戴着白头盔的达巴瓦拉要在将近40万个郊区家庭据点拿上带着标志的午饭盒送往目的地，时间都是上午九十点之间。他们的任务就是午饭时把盒饭送到一个饥肠辘辘等待热气腾腾午饭的人手上，要求每天12：30及时送到。

达巴瓦拉在接受任务时，并不像很多公司任务宣言那样有很多华丽的词藻，他们的目标很简单：每次都要按时服务客户。他们还有一个特别的价值立意，与快餐产业链不同，他们是把新鲜的家庭自制盒饭送到你手上，无论你在哪里。

拥有简单、独特、强大任务目标的人是最专注的人。“飞上月球”，约翰·肯尼迪说。“伟大到疯狂”，史蒂芬·乔布斯说。“神所造的太阳里有一个地方是青年人要到达的最远的地方”，玛丽·白求恩说，她的任务就是帮助他们到达那个地方。

然而关于任务的认知却产生了很多偏见。有两个原因：第一，太多任务宣言只是无意义的空谈。第二，企业里的员工没有完成任务。

▶ 企业目标要基于员工的梦想

有一个强大的悖论：任务宣言应该表达要完成任务的人的热情，但通常情况下，任务宣言都会遭到员工们的质疑，任务宣言板成了众矢之的。根据盖洛普调查，70%的美国员工不积极参与，对企业的任务没印象，也不感兴趣。

为什么任务宣言成了笑话？因为努力把人们的热情和才华投入到他们根本没有热情也不愿意参与的任务中，这种行为本身就是巨大的讽刺。

没有比热情更强大的动力，热情一旦点燃，就会成为势不可当的动力。如果你让人们谈谈自己的热情所在，他们会高谈阔论根本停不下来，但是管理层偏要把这些热情耗尽直到它们变成平庸的任务宣言，这就是为什么会产生偏见的原因。

没有让人积极参与的任务，企业就没有存在的理由。企业的员工都挣扎在生存问题上，他们不知道任务意味着什么，也就不再关心，没有什么值得他们参与的事情。

肖恩讲述了自己的一段经历：我曾经和一家企业的领导者共事，我注意到他们的会议室墙上挂着用相框精美装饰起来的任务宣言。我仔细阅读，它语言优美，立意深刻。和这些企业领导者开会时，任务宣言就近在眼前。我问："墙上挂着你们装裱好的任务宣言，谁能告诉我它讲了什么？"一阵窃窃私语。"谁能告诉我主旨是什么？"又一阵窃窃私语。显然，我们下一步的紧急工作就是讨论任务宣言究竟是什么，以及如何将它融入工作与生活。

塞斯·高丁说过："把一堆陈词滥调绑在一起称为任务宣言很容易，但是真正拥有一份确定的任务会发生什么呢？"

你的真正目标应该是被发现的，而不是被创造的——发现这一点要耗费很多工夫，绝非一个周末就能完成。伟大的任务宣言都有一个共通的品质：你切实感到它对人有意义，而与此同时没有比它更加特别的事情，它既广泛通用，又不可思议的具体。

总而言之，这听上去就像是：我们要去一个别人去不了的地方，因为我们和别人不同。没有人的动力像我们一样结合才华、热情和道德，没有人能够做出和我们一样的贡献。

达巴瓦拉的任务就和这个一样，他们对自己持续了一百多年的服务无比自豪，无人能复制，对于这个任务的热情控制着一切。马克·扎克伯格说：脸书一开始并不是要建成一个公司，它的建立只是为了完成一个任务——让这个世界更开放，连接更紧密，因此这个公司吸引了充满能量、努力实现这个任务的员工。

一份伟大的宣言通常使用否定句："没有人要去那儿……没有人能到达……没有人和我们一样……没有人能做出类似贡献……"当然，肯定不会有人小声嘀咕"我也不能"。沃伦·巴菲特曾说："真正的成功人士几乎对所有事情都说不。"

所以用你所想的来命名。如果人们对"任务宣言"这个短语敏感，就叫它魔咒、声明、目标说明书、热情宣言或者企业之声。不管叫它什么，你都非常需要它。过去管理的范式是把任务宣言张贴在墙上然后抛在脑后，而新的领导力范式是帮助人们发现自己的声音，既有个人表态，又包括集体发言。如果你现在还不能够履行公司宣言，我们强烈推荐你帮助团队识别出重要而紧急的工作。

过去的工作	当务之急
把任务宣言张贴在墙上。	找到企业的需求。 定期评估团队是否在朝着目标工作。

你怎么针对现在要做的工作拟定一份任务或者增加方向感，而且调动所有人？这才是现在重要而紧急的工作。

任务应该是企业所有员工共同的想法，而不只是领导的意愿。当然，领导者绝不是传话筒，对任务要有严谨的思考和分析，但并不意味着要成为一个独裁者。每个人都应该参与制定目标，“不参与就没有承担”的原则明确地适用于制定任务宣言。领导者在设定愿景时会“这山望着那山高”，然而只有当所有人都同意而且为之努力时，愿景才会成为企业的任务。以任务为出发点，促使每个人树立制定任务的参与感，因此任务必须反映每个人的想法，发掘每个人的潜力，吸引每个人的努力。

史蒂芬·柯维传授过：“人类精神的声音，充满希望和智慧，有发自本能的坚韧，有无限的潜力为大众的利益服务，包含着企业生生不息、不断影响未来世界的灵魂。”

你怎样才能发现企业的需求呢？

柯维博士解释说：“这种需求隐藏在才华（我们擅长的事情）、热情（我们热爱的事情）、道德（我们应该做的事情）和需求（这个世界要求我们做的事情）这几样事物的结点之间。”

每个人内心深处都有一种与生俱来、呼之欲出的欲望，要找到这种内心的声音。它隐藏在我们的身份和自尊之下，不仅仅是无须外力刺激就会涌现的才华或热情，也不是良知的渴望，尽管这几个要素都是这种声音必备的。它使我们了解到自己是被需要的，这个世界重视每个人身上的独特性。

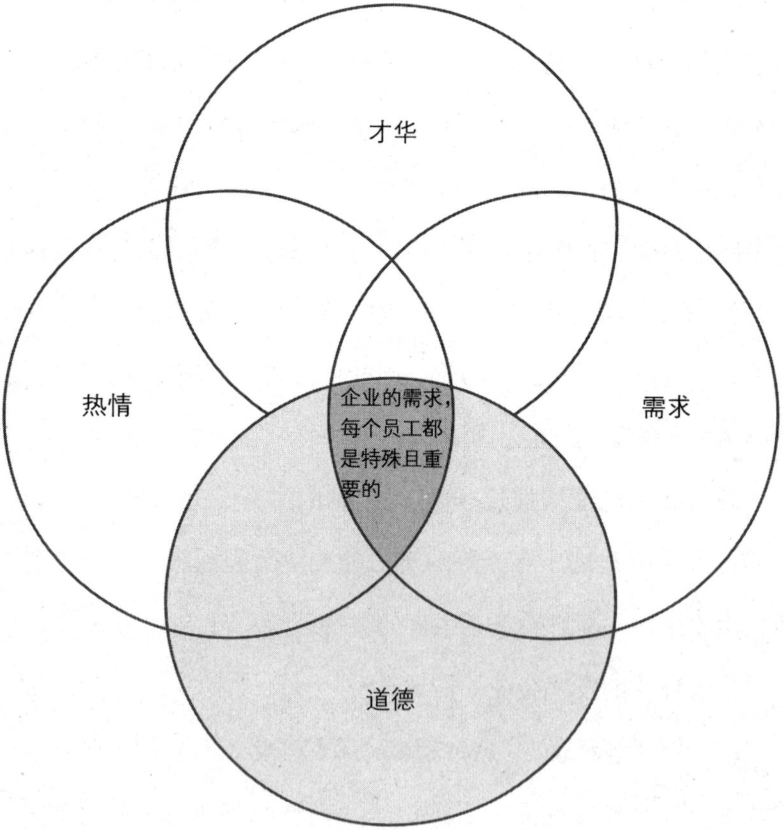

简言之，一份有吸引力的任务必须能够点燃人们的热情，最大化每个人独特的才华，满足人们的良心，顺应市场的需求。要同时满足所有这些标准并不容易，而领导的职责就是要把企业之声所需的要素结合在一起，这样做的领导者会激发巨大的能量源。

现在就开始评估你的团队或企业要完成的任务或者“重要而紧急的工作”吧。

- 需求：你的客户雇用你具体是要做什么事情？你真的在做客户雇用你要做的工作吗？你被雇用要做的工作和工作描述是非常不同的。

这项工程需要像股份持有人分析行情那般仔细，客户通过你的努力想要获得什么？客户愿意给什么样的工作付工资？你是否和市场上不断进化的需求同步？你是留在市场热点的顶端，还是离它越来越远？

- 热情。每个人都对工作充满热情吗？他们工作时是带着能量和决心，还是就只走走过场？
- 才华。你是否让团队每个成员无可替代的才华都发挥了最大作用？或者相反，你会不会甚至叫不出他们的名字？
- 道德。你是否问心无愧？你的企业是在完成该做的事情吗？你是否在触动人们内心最深的愿望，让他们变得更有社会责任感？

你现在在做的事情是给你的团队讲故事。你怎样向别人谈及自己的成功呢？你的失败呢？你的工作有什么激动人心的地方？你怎么能提高参与的兴致呢？把你的任务宣言想象成新闻里的头条：该用什么标题？怎样能让这个故事像病毒一样迅速传播？

有一家企业已经发现了自己的声音，并从中受益良多，它就是SAS公司，这是一家已成立40多年的软件企业巨头（译者注：SAS，全称Statistical Analysis System，全球最大的软件公司之一，由北卡罗来纳大学于1976年成立的SAS软件研究所转化而来）。SAS已经数次被列为美国最适合工作的企业，甚至卓越职场研究所已经将SAS公司评为全世界最适合工作的地方。

“分支庞大的SAS位于北卡罗来纳州的加里市，通过善待员工来激发每个人最好的一面。”《经济学人》杂志评价说。这家企业提供免费的医疗保险，包括泳池等运动器材、子女抚养补贴以及和家人一起吃饭的饭店，办公室墙上是华丽的艺术装饰，但打动SAS员工的并不仅仅是这些福利，而是工作带来的挑战。SAS的任务就是帮助客户把收集到的庞大数据转化为智能，换句话说，就是帮助银行、零售商、医药公司等找到令他们好奇的问题的答案，或者需要的大数据。

“如果地球上有一个工作天堂，那就是SAS。”CBS新闻评价说。SAS的创始人吉姆·古德奈特相信员工的才华、热情和道德是他的终极竞争优势，这样，参与度极高而失误率极低，他说："我95%的资产几乎无时无刻都在流动，我的工作就是把它们拿回来。"

你会发现SAS的任务比你所见的绝大多数合作式任务宣言都吸引人。

SAS重视员工的才华和热情超过一切，也因此得以充分挖掘这两点。客户想要的是创新的商业智慧，因此SAS需要各行业最有创意的人才。与众不同的是SAS觉得员工的想法确实非常重要！"让公司正常运作的原因就是员工头脑里的新想法。"吉姆·古德奈特说，而一位28岁的员工说："当人们受到对待的方式让他们感到自己很重要，而且确实能有所作为，忠诚度和参与率就会大大提高。"

SAS通过加强员工的社会责任感来提升员工的道德感。SAS的综合社会责任任务委员会综合了整间公司的所有努力，监督员工完成每年22000个小时的志愿者活动，以及给学校和慈善组织捐献2000万美金。总经理同时在世界野生动物基金会和环保基金管理层任职，每年公司通过太阳能产生3900多兆瓦特的能量，相当于54000个家庭一小时的用电量。

那么你的任务是什么呢？你真的在完成任务时激励了员工的才华、热情和道德感了吗？

▶ 实现目标的核心环节

人们对企业任务宣言挑三拣四的第二个原因是什么呢？那就是企业常常偏离任务，铜匾上印的宣言和员工每天要做的工作不匹配。简而言之，领导者言行不一致。无论言词多么热烈，如果任务宣言说的是“顾客先于一切”，而管理中却唯独忽略客户的利益，那么员工就很容易偏离任务：“CEO们都不关心，我又怎么会在意？”

假如你真的想让员工投入工作，那么你做的每件事都需要与此保持一致，也就是说，要仔细检查、重新设计公司工作流程和核心链条，核查每一件事，从策略制定到市场调研，从研发到销售，再到赔偿，这些步骤中的任何一步是不是都会影响任务。

每一个核心环节都需要用一种简单、可视、一致的方式支持任务。

想想达巴瓦拉送餐公司的核心环节。在早上九十点之间收集好盒饭，装车，然后运送到火车站，所有盒饭由火车运送到一个集中点后进行分发。每个饭盒由颜色区分，相同颜色的盒饭就用同一辆车运送到相近地点。在12：30到达目的地前，一个盒饭可能要经过4个达巴瓦拉运送。在接收站，达巴瓦拉把盒饭装到他们的银色脚踏车上运送至客户手上。这样，达巴瓦拉只用脚踏车、饭盒和火车作为资源，就能在世界上最拥挤、嘈杂的城市之一穿行自如。

下午程序照旧，他们把空饭盒收集起来送回做饭的居民手里。每天要运送40万个饭盒，几乎零误差，已经持续了一百多年。

达巴瓦拉这个运送系统几近完美，吸引了哈佛商学院、《经济学人》杂志、澳大利亚ISO 9000认证机构的注意，甚至连威尔士王子都注意到了，供应链管理的学者和学生都惊呆了。研究过达巴瓦拉的系统后，《福布斯》杂志的记者把它比作六个西格玛体系，意思就是送餐员在160万次送餐中才会出现一次错误！他们是怎么做到的？“赤脚员工、公共交通体系、可回收容器，一个系统竟然基于这些条件成为了世界上数一数二的顶尖运行体系之一！”

专家们找出了其中的原因，达巴瓦拉体系之所以能运转流畅，归功于它的简单、可视化和一致。

从最年轻的达巴瓦拉到公司主席，人人都能描述这个运行过程，达巴瓦拉在每一个时间点都几乎百分之百知道他们要去往哪儿。

这个体系是可见的。午餐盒的颜色密码就包含了整个工作体系，每个饭盒盖子上的一些简单记号说明了它们的来源地和目的地，比如，一个饭盒要穿过教堂运送至客户手上，那么，它的盖子上就有一个十字形的记号，一些蓝色字母就暗示着这个饭盒要到达的地方，数字1—2说明了具体的终点地址：第一层楼的第二个房间。

而一致性就是达巴瓦拉服务的典型标志，你可以毫不怀疑地信赖他们。达巴瓦拉以优质服务为豪，他们戴着显眼的白色帽子，蹬着醒目的银色脚踏车，一眼就能认出来。他们不会过度依赖科技，而是依赖着一支必胜的队伍。

达巴瓦拉的热情在于他们不会让任何一个客户失望。2005年一场灾难性的风暴袭击了孟买，数万人淹死或者失踪。达巴瓦拉依赖的城市火车彻底停运，他们干脆不用火车，改为步行几公里去饭点取饭，而后带着饭盒穿过暴风雨和洪水。就在这样的环境中，几乎所有的盒饭也都按时送到，不受干扰的服务对于达巴瓦拉至关重要。

当然，世界在变，达巴瓦拉也在改变，因此他们短信接收订单并扩展业务，比如精确的时间安排以及自定义运送都使得它成为从高时效性的广告软件到投资手册的最佳输出口。一位达巴瓦拉说道："有一种叫联邦速递的软件和我们很相似，只是它们不送午餐而已。"整个过程，核心步骤简单、透明而且非常可靠。每一天，达巴瓦拉都要和孟买庞大的人群、难以想象的高温、季风、洪水作斗争，却始终冷静一致地为客户服务。

卡耐基梅隆大学的保罗·S. 古德曼说："我们大多数现代经管

教育都是分析模型、科技以及有效的商业实践，相比之下达巴瓦拉更专注于社会的独创性。”他们关注人、注重独特性带来的自豪感，以及专注参与任务带来的力量。

你的核心程序是怎样的呢？它们是不是：

- 简单？
- 可视？
- 一致？

你能做什么简化这些程序呢？让它们变得一看就懂，和组织的任务更加一致，与行动更加默契？

最后，员工不会愿意加入一个不是“任务”的工作任务，这就变成了毫无意义的工作套话。如果公司没有要求员工以任务为准则，那么它也就变得无关紧要。

如果你想调动人们的全部能量，让他们参与寻找企业的第一要务，那就让这一要务支配你所做的一切。

▶ 实践步骤表

下面是带着目的领导的关键步骤，让你的团队参与讨论这个问题，得到一份吸引人的任务宣言和明确支持任务的核心程序。

步　骤	讨论点
发现团队的需求	● 我们有书面的团队任务吗？我们对自己的团队任务充满热情吗？它能激起我们的能量和决心，或者我们只是被动行事？ ● 我们的任务能激起每个成员不可取代的才华吗？我们能叫出每个同事的名字吗？ ● 我们的任务能满足道德需求吗？我们是在做自己应该做的事情吗？我们有社会责任感吗？ ● 我们的客户雇用我们要做的具体工作是什么？是在不断变化的吗？ ◇ 我们最重要的客户是谁？ ◇ 他们最重要的目标是什么？ ◇ 我们帮助他们实现目标时能获得什么特殊的才能？ ● 回答以上问题后，我们能润色任务宣言吗？
与任务保持一致	● 我们的核心程序是什么？ ● 我们的核心程序是否明确地支持着目标？ ● 我们怎样做才能让核心程序： ◇ 简单？ ◇ 可视？ ◇ 一致？

4

CHAPTER

第四章

要素 2：卓越的执行

Practice 2: Execute With Excellence

一个真正的人才会在执行中发现乐趣。

——约翰·威廉·冯·歌德

住在费城的时候，我喜欢沿街走到市中心附近，跟邻居的孩子们一起打篮球。与人切磋球技是很有意思的事，我们经常只是随意玩玩，偶尔也会计分。一旦计分，球场上就不一样了：情形一下子变得激烈起来，大家眯起眼睛，汗流浃背，迅速传递信号，加强配合，围观的群众也为我们加油喝彩。如果我们只是玩玩，一切都变得悠闲了，不像计分时那么严肃与投入。

有任务的人是最能够投入的人，真正实施这个任务时，他们会加倍地投入。有了任务是一件事，而执行是另外一件事。

作为领导者，你有很重要的任务和战略要去执行，无论你的梦想有多大，得不到确定的结果，你都不是真正的领导者。完成这个战略需要一个很投入的团队，创建这个团队就是领导者常抓不懈的工作。如果你已经有了一个很诱人的任务和战略，下一个重点就是去调动团队进行实施。

是否经常有领导宣布一项激动人心的措施，没过多久却销声匿迹了？大多数战略都会失败，不是因为战略本身不好，而是因为它们压根没有实施。美国一家著名IT咨询公司前CEO吉姆·胡灵说："每当组织所有员工召开公司年会，宣布未来一年的战略时，大家都会起立、鼓掌、欢呼，'多么棒的战略！我们迫不及待啦！'作为领导者，这是你最好的时刻，也是最坏的时刻，因为从那时开始，这个战略就开始走向失败了。不是人们不愿意去执行，而是他们不知道怎样执行，然后他们就会失去兴趣，几个月后，这条战略就被忘得一干二净。"

一个巨变会让团队成员欢欣鼓舞，没有丝毫改变则令人非常沮丧。一家非营利组织同时也是世界上最大的慈善机构之一，其领导人宣布了一项重大的方向变革。他们举办了大型活动和热闹的聚会来宣布这个变革，聚会现场张灯结彩，还为大家准备了T恤衫。每个人都很兴奋，但第二天上班之后却再没有听到过任何这方面的消息。时不时就会有人问起："我们那个伟大的新项目怎么样了？"渐渐地，人们都失去了兴趣，只有看到T恤衫才偶尔想起这件事。

与此同时，领导们绞尽脑汁地思考新项目为什么会失败。他们给地区经理打电话，生气地质问，让他们加把劲儿。地区经理答应着，回去以后又给抛在脑后。一年以后，高层领导再也不提这件事情了，着实让人难堪。

这种情况或许有点极端，但类似的情况却十分常见。有多少精心策划的战略由于疏于执行，慢慢积上了灰尘？

战略偶尔也会遇到阻力，有时是战略不适应市场的需求，但是目前，战略失败最多的原因是缺乏组织的把控。想一想，领导给你一个新项目、新目标、新战略，但你的其他日常工作一点儿没有减少，没有多余的精力。你不能搁下之前手头的工作，同时还得去实现新的目标。你需要做好本职工作，同时，领导通过让你去做一些以前从未做过的新事情来改变自己的行为。这对于每个人来说是最难的，无论是减肥、学钢琴、赢得高尔夫比赛，还是卓越地执行一个计划，持续的成功都需要特别的承诺。

沃顿商学院管理学教授劳伦斯·赫比尼亚克指出，许多接受过MBA教育的管理者们“对于如何制订计划知之甚多，而对于如何执行却知之甚少”。那么怎样能够得到别人的那份特别的承诺呢？当他们每天忙得团团转的时候，你还能够用新的高难度目标来调动他们吗？

只是制定一个伟大的战略远远不够，当务之急是让你和你的团队对这些关键目标具有明确的认识，并且约束自己卓越、精准地执行。

过去的工作	当务之急
制定出一个伟大的战略。	卓越、精准地执行战略。

▶ 高效执行4原则

下图是卓越执行的4条原则：

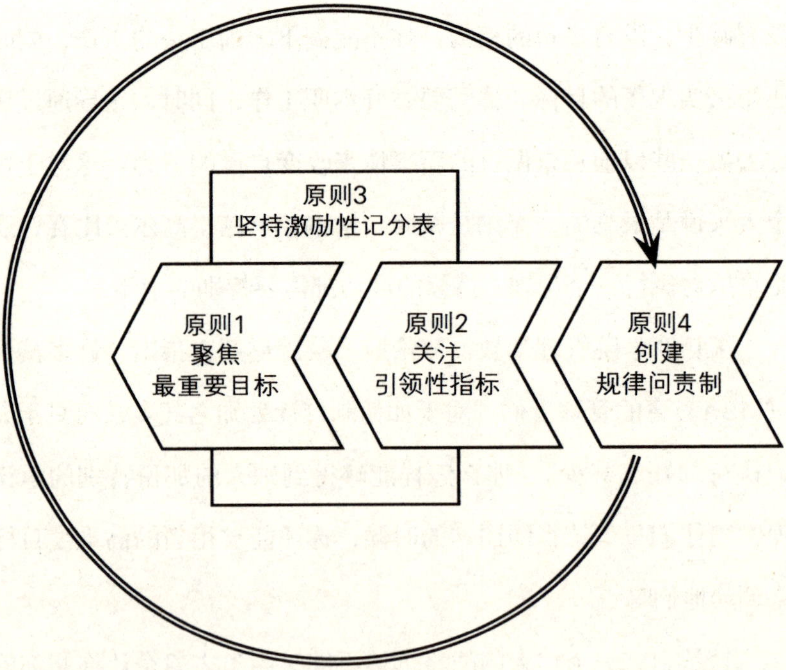

聚焦最重要目标

大多数人想做的事情有很多。要想集中精力投入到真正重要的事情中，领导们需要仔细区分什么是重要的，什么是关键的。关键目标就是一个人必须实现的、没有任何事情能与它相提并论的目标。人都是有极限的，我们常常可以卓越地执行一个目标，但如果有两个目标，有一半的工作完不成就是情有可原的，同时卓越地执行5个、6个，或者10个任务是不可能的。在采访一些大公司的过程中，吉姆·柯林斯发现，他们大多数都只重点关注几个核心的目标："在研究年度重点时，要十分严格地选择最优先考虑的几个重点，数量不宜多……努力攻克首要重点，不要停滞在次重点上。"

这听上去是很浅显的道理，但许多公司却将"必须要做"的重点一个个堆起来，让人根本无法完成其中的任何一项。一个瓦解员工意志的好办法就是交给他们一堆工作，告诉他们所有的都是1号任务，优先重点、首当其冲的。相反，让员工就集中在一两个、最多三个关键目标，他们就会意识到工作的重要性，获取成功的机会将大大提升。专注中蕴涵着巨大的能量，为你的目标排一个先后顺序，想想哪些事必须做，这才是重中之重，专注于这些真正的目标，将那些次要的目标放在后面。

一定要确立一个明确、容易理解的目标。领导们总是认为每个人都理解了目标，但大家的理解经常是千奇百怪的。劳伦斯·赫比尼亚克记得："有一次为一家公司做咨询，当时研究出了一项重要的战略决策，一两个月过后，我深入到下面四五级员工，问问人们在做什么，他们居然没有听到过这个项目。"

有一次，我与一群高层政府领导进行会面，他们是为了执行一项新任务而成立的团队。为了研究战略计划，他们已经开了几天的会。我做了一个小小的实验：让每个人单独告诉我机构的首要重点和关键目标是什么，他们的答案天南地北，简直令人大跌眼镜！每个人对于什么是关键目标都有完全不同的想法，虽然已经计划了好几天，他们还都认为自己与别人说的是一回事。

关键目标值得彻底搞清楚，也就是说要表达出你现在在哪儿（X），你想要到哪儿（Y），什么时间达到，换句话说，就是"什么时间从X到Y"。例如，只有一个减肥的目标是不够的，它需要这样表达："到6月1日，我要从195斤减到180斤。"这样，你就有了起点，有了最终目标，有了明确的日期，也很容易判断自己是否达到了目标。

1958年，美国的太空计划远远落后于苏联的。美国的目标"最大限度地提高我们在太空的效率"毫不具体，也没法衡量，就像打哈欠一样随意。随后，1961年5月5日，在国会联席会议前的一次讲话中，约翰·肯尼迪总统提出目标“截止到第十年底（1970年之前），将一个人送上月球，并安全返回到地球”。这个关键目标鼓舞了整个国家，最终，它实现了。

如果真的是关键目标，人们知道了它的重要性，就会无比的投入，想让他们分心都难，比如，F1方程式赛车手在比赛时绝不会接电话。

汤姆·威斯纳上任奥罗拉市市长，这是伊利诺伊州仅次于芝加哥的第二大城市，他遇到了几十个重要问题。福克斯河流地区荒废，犯罪率极高，帮派犯罪司空见惯，上一年发生了30起凶杀案，大量企业搬出城市造成失业率严重提高，清洁工们甚至不会把每年的节日装饰取下来（最后一个问题确实困扰了许多人）。面对这些问题，威斯纳市长本可以尝试“一口全吃下去”，但首先，他让团队里1200名工作人员选择出三个以内的关键目标。

以前从未有人问过这些问题，市民们有许多想法，经过与工作人员和市民们的一遍遍讨论，城市领导选出了当年的三个关键目标：

1. 将谋杀犯罪率降低20%。

2. 将城市各部门为市民解决问题的时间缩短20%。

3. 批准至少650个新的住宅单位，以振兴福克斯河流走廊，并为走廊创造1英亩的开放空间。

每个人都同意，如果第一个目标得不到解决，其他问题就都不重要了，危险的城市会摧毁一切。第二个目标对于市民很有意义：解决许多积压的问题会重拾他们对城市的信心。第三个目标可以将一个正在衰变的城市变成一个复兴的城市。这些目标对于每个人的未来都是“关键的”，人们自己设定了目标，并拥有这些目标，为实现目标就会很投入。

关注引领性指标

一旦你设立了明确的关键目标，就应该确定每个人在完成目标中所扮演的角色：“我能为实现目标贡献什么？”只有知道了这个问题的答案，他们才能够投入其中。

在跟踪目标实现的过程中，有两种评估方式：引导式和总结式。总结式评估衡量结果，例如，我的目标是减肥，总结式评估就是用数字显示进步的情况。引导式评估则是跟踪当事人为实现目标而采取的行动，例如，节食和锻炼会让我的体重减轻，引导式评估就是每天在运动中消耗的卡路里数字和燃烧的卡路里数字。跟踪引导式评估要比跟踪总结式评估更加困难，但如果要认真对待目标，就必须做：只有抓住引导式评估，最终才可能抓住总结式评估。

要选出几个对于总结式评估影响最大的引导式评估要素。有时可能会错误地选出了几乎没有什么用途的引导式评估，例如，我可以不吃点心，但如果不限制总的卡路里摄入量，这一单独的行为就不会有什么意义。或者可能会选择一项无法控制的引导式评估，例如，让公司的餐厅变换菜单。选择那些你可以控制的、会产生效果的引导式评估。

我们的团队和威斯纳市长合作的时候，很明显降低犯罪率是奥罗拉市首要解决的问题，他们采取的引导式评估是通过将帮派领导人赶出大街来瓦解毒品帮派。不到几个月时间，警察已经肃清了31个帮派。而第三个目标，振兴福克斯河区域则需要为商家和住户开辟更吸引人的新空间。市领导采取了引导式评估，主动与开发商研究奥罗拉的新建筑，到了年底他们超额完成目标，有95个开发商表示感兴趣。

怎样来选择采用哪种引导式评估呢？有个经验可以借鉴。处在工作第一线的人们可能比任何人更清楚什么才能真正起作用，奥罗拉市意识到降低谋杀率不只是警察部门的责任，其他部门在实现目标时也应发挥作用。城市的工人们知道犯罪案件经常发生在贫困地区，所以他们的引导式评估是确保3个小时之内换掉所有烧坏了的城市照明灯。他们还清楚案件总是在有涂鸦的地方发生，所以以“24小时内去掉涂鸦”作为第二项引导式评估。这只是两个例子，每个部门都为终极目标的实现采取了各自的引导式评估。

Brasilata是一家钢罐制造商，也是巴西最负盛名的公司之一，世界各地都使用他们生产的各类型号的钢罐运输货物，从谷物到高挥发性化工产品。但是公司也遇到了问题，钢罐如果从高空落下，或者装卸不慎，就会损坏。特别是对于化工行业的客户来说，这是一个很危险的问题，不仅会造成利润损失，还可能导致严重的法律纠纷，于是，生产一种更优良、更耐用的钢罐成为Brasilata的关键目标。

公司采取的引导式评估是让工人们提交创意，他们知道创意越多，改进产品的机会就越大。多个团队被调动，几千个创意涌现出来，选出了一个真正奏效的创意。一条生产线上的工人发现新型汽车的保险杠在受到冲击时会塌陷而不是裂开，Brasilata将类似的技术应用到了钢罐中，问题迎刃而解，为公司挽救了几千万的损失。让员工来定义引导式评估，让他们发挥聪明才智和创造力，让他们积极地投入工作。

实现关键目标的秘密不是定下目标，让员工自由发挥去实现目标，要想打击员工，莫过于用总结式评估谴责他们："你们为什么没有实现销售指标？""为什么犯罪率还那么高？""为什么产品还有问题？"这不是领导者，真正的领导者与员工一起决定采取哪种引导式评估，然后确保行事时依据这些引导式评估。当人们真正发挥作用的时候，他们就投入了。

坚持激励性记分表

就像在费城打篮球一样，人们容易被分数激励。一旦开始计分，知道自己是赢是输，一切就都变了。你需要一个计分牌，看看进展如何。奥罗拉的人们看到犯罪率计分牌的“指针移动”时都很兴奋，它一旦下降，人们会更加努力，想出更多办法来降低数字。

这就是为什么要树立一个引人注目的计分牌，一幅只有几个数字的简单图画。“我们已经有许多计分牌了”，你说，“我们随口就能说出许多数字”。我说的不是企业运营的数据，尽管它们也有用，我说的是那些关键数字，那些针对关键目标的引导式和总结式评估。我想看到的是总结式评估——“谋杀率下降了吗”和引导式评估——“多少帮派领导从大街上被肃清了”，这些数字告诉我们行动是否有效。

一次，我们参观了一家很大的飞机制造厂，该厂有几千名员工，被分成若干小组，每个小组集中研究飞机的某一个零件。每个工作车间都有一台电脑监测器，用极小的字号显示着大量数据。如果你认真研究屏幕，我是说真正的研究，就会发现这些数据表示的意义。我问工作人员为什么会有个监测器，大多数人都不知道，还有些人说他们从来没看过它。

于是，我问工厂管理者：“为什么要将这么多复杂的数据显示在工厂的各个地方呢？”他说：“我们希望各个小组都能看到他们对于生产过程的影响。”就像在电视上看足球赛或是篮球赛，你在屏幕上能看到每一个跟比赛相关的统计，就是看不到比分，这就是当时那个工厂的情况。

另一个客户，也是一个大制造厂商，却是将大型计分牌张贴出来，上面只有几个大数字，显示公司朝关键目标进展的速度。除此之外，员工们还可以看到发生的每个变化是否会对引导式评估产生影响。这个工厂的领导者告诉我们：“这儿的工会立场坚定，工人们从来不会早到，一到下班时间就全都回家。过去一直是这样的，直到我们放置了这个计分牌。现在他们来得很早，盯着计分牌看是否发生了变化。有一次我看到他们很晚还没有下班，我简直难以置信，他们真的很在乎墙上的数字。”计分牌是调动员工的利器。

计分牌是为团队准备的，不只是为老板准备的，这就是它为什么要很大，要显而易见，并且不断更新的原因。人们关注分数，表现就会不一样。富兰克林柯维（FranklinCovey）的执行总裁克里斯·麦克切斯尼总结了计分牌的作用：“最高水平的业绩往往来自全情投入的团队，最高层次的投入来自对分数的了解，也就是知道自己在赢还是在输。如果你的团队成员还不知道自己正在赢得比赛，那他们可能正在输的路上。”

显然，计分牌只是一个简单的工具，它保证了战略执行的质量，目的性很强。赫比尼亚克教授研究发现，只有不到15%的公司定期追踪他们计划的战略执行，换句话说，几乎没有人在计分。团队对于工作漫不经心，不正是因为不知道自己的分数吗？计分牌可以让人们跟踪自己的活动、公司的情况，不断地提高业绩。密切关注计分牌，他们可以知道自己的引导式评估是否得到采纳：引导式评估对总结式评估起到作用了吗？如果没有，就要进行反思了。密切关注重要的分数，团队可以在需要时调整战略，积极向上的团队就是这样做的。

创建规律问责制

你召集大家讨论关键目标，确定了评估方式，张贴上了计分牌，然后看着整件事情失败。

人们最初会兴奋，他们憧憬着新的目标，因为自己也参与其中。他们会为了实现目标，承诺新的行为（引导式评估），计分牌提供关注点。此外，团队还必须一起定期、经常地衡量进度，否则团队成员就会意识消沉，不知道目标为何了。

科罗拉多州立大学商学院教授韦恩·博斯对于他所说的“反弹效应”很感兴趣，也就是团队开始时非常热衷于新的目标和战略，但是慢慢又会心不在焉的这种趋势。他研究的是团队动力学，所以经常花很多时间观察团队安排计划，互相鼓励，接着将整件事抛在脑后。整个公司用所有能够想到的事情鼓励员工的士气：大型聚会、喧闹的音乐、说唱视频、有奖问答、名人露面、小丑派发吉祥物。多数人都喜欢这些活动，马上就会激动起来，但它们并没给他们的行为带来任何变化。博斯总结说："在两到三天集中的团队建设活动中，人们对改进工作非常热情，但是几个星期过后，火花就渐渐熄灭，他们又不可避免地回到原点。"

博斯实验了许多保持高度投入的办法，但目前最有效的办法还是定期衡量进度，我们称为"问责制"，它是"平衡的、有节奏的"活动，就像周而复始的圆圈。

如果你设定一个关键的团队目标，就必须建立问责制。看看这个制度是怎样发挥作用的。

首先，要确保团队的每个人都能影响目标的实现。目标决定着团队，团队中不需要那些不能移动计分牌上"指针"的人。第一次会议上，要明确每个人在实现目标中的角色（这个环节可以在私下一对一地进行）。要了解每个人的态度："你想做出什么贡献？"然后表明你自己的看法：协同，达成意见一致。博斯这样描述这种角色磋商："（领导和团队成员）明确对对方的期望，希望从对方那儿得到什么，他们自己承诺做出什么。"史蒂芬·柯维将这种合同称为"双赢协议"，由各方定义自己赢在哪儿。

然后，至少每个星期与整个团队见一次面（要知道，我们说的是关键目标）来检查进度。如果不定期会面，团队成员就会在他们的日常工作中脱离目标。这个会面不是员工大会，它唯一的目的就是推动目标的前进。

会议的议程很简单。首先来回顾一下计分牌，总结式评估是在正确的方向吗？引导式评估起作用了吗？我们达到预期的进程了，还是落后了？我们是否需要考虑一下引导式评估？

接下来看一下协议，上面有每个团队成员上个星期承诺完成的工作。庆祝成功，帮助遇到困难的员工，这就是团队互补的意义，如果一个团队成员遇到了问题，其他成员可以帮助他来解决，尤其是领导者可以做别人做不到的事情，例如，寻找资源，跟管理者协商。

随后制定下个星期的新协议。每个成员能做的对评估影响最大的事情是什么？这些承诺要记录下来并进行分享，形成一周的议程，与团队一起坚守这些承诺是能够调动你们热情的上策。

经过十多年对几百个团队的研究，博斯发现，如果能够定期举行会议（每周、每两周或者每月），并形成意见一致的议程，业绩就能维持高点，几年内不会反弹。“无一例外……只有运用了这个（过程）的团队才具有组织效率，而没有运用它的团队在团队建设后的几个月必将出现衰退。”

博斯还发现问责制“在支持度和信任度高的氛围中实施最有效，培养这种氛围主要是领导者的职责”，“领导必须在任务未完成时问问‘为什么’，尽管这很难”，但他们要采取“扫清障碍”的态度。

使用这个方法，团队成员必须得到他们渴望的支持和反馈。超过60%的员工，特别是28岁以下和千禧年出生的一代，都认为自己没有得到足够的反馈。许多管理者只有在年度业绩考核时才给出反馈，这就像一个足球教练在赛季开始时告诉各位球员：“你们要打30场比赛，赛季结束时，我会评价你们的表现。”

▶ 4原则对建立高效团队的重要性

遵照这些原则和过程，你会创造出一个高度投入、自我激励的团队。习惯了这个过程的团队会变得更加自制，连锁超市巨头全食遵循了一种类似的模式：小团队要为自己的损益负责，并且自主决定如何改进。加里·哈默尔说：“他们真的要为很有挑战性的目标负责……这不是件浪漫的事儿——‘让我们赋予每个人更多权力吧’。武装他们，给予他们更多信心，让他们对同事负责。”这种简单的四步走过程会帮助你和你带领的团队免去日常的混乱和嘈杂，让每个人都投入到关键目标中。

现在来看看奥罗拉的城市工人们，他们已经开始实践卓越执行的原则了，进展如何呢？“城市的第一个目标没有实现：凶杀率只降低了14.5%，而没有达到20%，但另外两个目标都实现了。只有少数几个部门回应问题的反应时间没有降低20%，河流两侧的两个项目开发都超额完成建设住宅单元和开放空地的目标。”此外，谋杀案件从30个降低到2个；最近几年，在奥罗拉市没有发生一起案件。在这里，成果不仅仅是数字的提升，而是实实在在地挽救了生命。

还有另外一个故事。

一个半世纪以前，Leighs油漆推出了世界上最好、最耐用的涂料。公司位于英国曼彻斯特附近，是世界上最大的重防腐涂料生产厂商，其产品广泛应用于船舶、桥梁、石油平台上，这些事物必须经受严酷的气候和腐蚀的考验。但是过去几年，Leighs在市场竞争中遇到了新问题，全球竞争意味着定价和原材料市场的压力，最严重的是，Leighs根深蒂固的公司文化无法适应21世纪日益增多的业务需求。销量日渐下滑，公司面临倒闭，“当时真的非常严重”，CEO迪克·弗罗斯特说。

现在，公司发生了惊人的逆袭，Leighs又重新强大起来，销售额剧增，市场战略也在不断更新，公司已经被全球行业巨头宣伟收购。

发生了什么事？“Leighs是一个旧式企业，它的文化是指向型、命令控制式的，排斥思考。”弗罗斯特解释。公司很少征求员工的意见，他们的贡献也仅限于制作油漆。很多人对公司完全没有感情，没有归属感。“问到Leighs有多少员工时，有个黑色幽默的答案是‘一半吧’。”

“Leighs还在沿用着1800年以来的工业流程，管理层认为公司状况和现实需求是完全脱节的。”公司的一位董事罗杰·威廉姆斯说。客户对产品和服务都不满意，一年大约有600个投诉。员工满意度都是被粉饰过的。实际上，面对激烈的竞争和下降的利润，Leighs发现这种命令控制型的文化不仅不受员工认同，公司也因此损失惨重。

迪克·弗罗斯特出任Leighs的CEO，他主张推行七个习惯和执行4原则，为变革引入了新的理念。他认真听取工人们的意见，希望创建一种健康的企业文化。公司推出了一系列变革措施，领导风格变成了双赢、倾听、协同。他们在内部实行四条原则以后，激烈地讨论要在公司各个层级都设立关键目标，公司各个部门都形成了持之以恒的目标。“过去这是一个笑话，”负责改善的经理保罗·泰勒解释说，“从销售部大厅走到研发部，你得带本护照。”一线员工齐心协力创造公司目标，设立了问责制，领导们开始积极地扫清路上的障碍。“四条原则对于我们确保业务的完成确实有帮助。”人力资源总监麦克·格雷说。“健康检查计分卡”张贴在每个部门，大家每周都可以看到朝着目标取得的进步。领导们改变了对角色的认识，将本职工作定义为支持一线员工，信任的气氛就此形成。

改变不是一夜之间就完成的，而是在施行新的文化几年后慢慢形成。Leighs油漆在各个环节都出现了量的提升：营业额稳步增长，事故率降低了4倍，工厂车间增加了数百个新效率。“及时、充足”成为交付订单的口令，团队不断努力推动着指针的前进。一年来，没有一个员工感到不满，同时，生产率迅速提高：最初，每个工人生产19466升油漆，不到8年，增长到38606（增长了100%），而营业成本却降低了20%。

罗杰·威廉姆斯说：“我们还在继续培养文化，我想我们花在建设文化的时间和精力要比财务方面多得多。现在Leighs油漆有262名职工，为了自己所得到的薪水，他们每天都以最好的状态投入工作，他们感觉应该这样做，我们不用交代他们任何事情。”

每个人都在讨论“问责”，这个词让人们发抖，因为它充满了恐惧，但四条执行原则带来的个人问责是，你不是对你不能影响的事情负责，而是对你自己做出的承诺负责，也就是说，“我们做到对对方的承诺了吗？”如果答案是肯定的，我们就感觉像一个团队，互相尊重、互相信任，越来越主动地为团队的成功投入。最终，执行过程就是人的投入，这种投入带来了真实的效果。

▶ 实践步骤表

与团队开会讨论如下问题。

原　则	讨论点
聚焦最重要目标	● 我们最重要的目标是什么？ ● 哪些目标是关键目标？如果我们不实现这些目标，其他的就无所谓了。 ● 我们能将这些关键目标缩小到3个以下吗？ ● 每个目标成功的衡量标准是什么？如何表达关键目标最有效？
关注引领性指标	● 让每个目标得以成功实现的1个、2个或者3个主要行动是什么？我们需要改变什么？ ● 我们怎样来衡量这些行动？
坚持激励性记分表	● 谁负责利用总结式和引导式两种评估方法创建计分牌？ ● 谁负责定期和经常地维护和更新计分牌？
创建规律问责制	● 计分牌告诉我们什么？我们是在朝着总结式评估的方向吗？引导式评估是在影响总结式评估吗？我们需要考虑其他引导式评估吗？ ● 我们知道多少提高分数的正确方法？ ● 我们上次开会时，你做出什么承诺了？你怎样履行承诺？我们能为你做什么来扫清道路，帮助你履行承诺？ ● 下个星期，你会为记分牌“指针移动”承诺什么？

5

CHAPTER

第五章

要素 3：释放员工生产力

Practice 3: Unleash Productivity

如果你想让人造一条船，那就不要让他们去找木料和补给，而是教会他们去祈盼大海无垠的宽广。

——安东尼·德·圣·埃克苏佩里

伟大的阿基米德（公元前287—212），是世界上最杰出的数学家之一，他不仅发明了积分学，算出了圆周率（π）的近似值，还因为杠杆和滑轮的发明与使用，成为机械时代之父。

在给他的好友叙拉古赫农国王的信中，阿基米德写道："给我一个支点，我将撬起地球。"国王让他证实自己的观点。他派出数千名奴隶和满载货物的马车，用了几天的时间把当时世界上最大的商船锡拉库扎号拉到了岸边，然后，国王让阿基米德自己将船拉回水中。

阿基米德在船上安装了一套复杂的杠杆滑轮系统，他坐在离码头有一段距离的地方，轻轻拉动穿过系统的绳索。大船笔直地前进，慢慢回到水中，国王大开眼界。通过杠杆原理，阿基米德一个人完成了几千人的工作。

只要得到足够的支持，任何人都具有无限的力量。在你的组织中，每个人都是独一无二的，具有不可替代的天赋、才华、技能和热情。很多领导者的范式极端错误，他们认为人是可以替代的，他们能轻易地用一个人替换另外一个人。他们将人看作电脑、拖拉机、机器人这样的资产，可以轻易地在市场上买卖。

生意场上，员工经常被看作是资产，而在损益表上，他们被视作开支，领导们经常甩出这种陈词滥调："我们的员工是我们最宝贵的资产"，但员工不是资产，资产是你拥有的东西，而人不是机器，不能占有、买卖、交易、替换或返还。

但是仍有很多领导把员工当作机器。你可以买辆车，加油、洗车，一年给它做一次保养，然后尽管开就行了。出了问题，可以去修，或者干脆换辆新的。领导们往往也是这样对待员工的：雇用工人，支付工资，一年进行一次业务考核。如果有问题，就把他送到人力资源那儿进行修理或者换个新人。

这种工业时代的老范式就是员工对工作没有用心投入的原因，员工被看作资产，甚至机器上可以替换的一个零件，因此现在要做的最重要的工作就是换一种新的范式：每个人都有独一无二的力量。作为领导，你的工作就是释放这种力量。

多年来，领导们的理念一直是"小投入高产出"。压缩成本，调动资源、效率最大化——每个人都觉得这个范式很好，但这并不够。有些领导甚至滥用这个理念，往员工身上放越来越重的担子，却不给予有效的支持。大多数情况下，领导们不知道杠杆原理。记住阿基米德的例子：一个人确实能有无限的能量，只要给予他们正确的思想、工具和支点。

过去的工作	当务之急
小投入大产出。	释放员工的无限可能，而不是按照你的想象去做。

新的理念就是“释放员工的无限可能，而不是按照你的想象去做”。

工业时代，我们让人们去造船并指导他们如何拉船，是很辛苦的工作，但他们还是能够完成。现在，沿用旧的指导思想，却不会有多少人愿意拉船，你只得亲力亲为，这被称为“大投入小产出”。他们的精力不能被点燃，而是被耗尽，没有精力充沛，反而筋疲力尽，这不是调动他们的办法。

21世纪经济危机爆发以来，“大投入小产出”的情况维持了很长时间，事情正在朝着越来越坏的方向发展。劳动力越来越少，而剩下的人承担了越来越多额外的工作量，给自己的家庭生活和社会关系带来了严重的压力。

目前，大约三分之一的美国人经受着慢性工作压力。根据《美国医疗协会杂志》的调查，只有13%的美国中年人比他们同年龄段时的父母健康，医生说“慢性压力”是第一大原因。不只是年纪大的工人，大量上班族在30岁时就已经过分疲惫，特别是那些兼顾事业和家庭双重身份的年轻女性。

疲惫已成为世界性问题。在英国，因工作产生的心理健康问题，例如压力、抑郁、焦虑，每年要花费英国雇主283亿英镑。在印度快速增长的技术领域中，“疲惫和怀疑日益增长”，“压力正在成为生产率的巨大障碍”。在日本，每年有10000名工作人员死于karoshi，即“过劳死”。

也就是说，让更少的工人去完成过多的工作不会让船走多远，这个观点已初见端倪。麦肯锡推论，正是由于未充分开发和利用劳动力，全球生产率正在放缓，“即使要维持GDP的中速增长，经合组织国家也要大力提高生产率。20世纪70年代，美国每增加1美元的GDP收入，劳动力的贡献是80美分，而这个比率在未来10年将急剧下滑，劳动力对于每1美元经济的增长贡献不到30美分……西欧面临的挑战更为严峻，因为劳动力没有达到预期的增长……而在日本，这一问题更加严重。”

▶ 释放员工生产力的两个关键原则

这就是为什么提高员工潜在的生产率将成为主要的竞争优势。

科学家告诉我们，几桶海水中释放的核能足够为整个世界提供一天的能量。同样，在你的组织中，每个人身上有足够的天赋、智慧、才能和创造力，它们得到释放产生的成果也会让你感到震惊。史蒂芬·柯维博士说："未经充分调动的劳动力的热情、天赋和智慧对个人和组织造成的损失，远比你想象的要大。"

在工业时代，金钱是主要的动力。然而现在，经济因素已不足以调动员工：薪水是维持因素，这是意料之中的。那么什么能够激励他们呢？韬睿公司做过的一项著名调查表明，了解员工所做贡献的价值比给他们支付工资更加重要。金钱、机会、信任或者沟通这些激励因素，都无法与"赞赏"相提并论，了解自己贡献的意义比其他任何事情都要重要。

"有意义的小事比没有意义的大事更难得。"卡尔·荣格说。根据学者近年来在不同年龄段的人们之间进行的调查，无论年龄大小，无论从事什么工作，几乎所有员工都这样认为，"除了工作以外，我们需要的基本东西是相同的，"沃顿商学院教授亚当·格兰特说："无论是婴儿潮一代，还是千禧一代，我们都在寻找那种能够挑战自我、可以发挥自己优势的有意思和有意义的工作。"

意义是调动员工的核心要素，比金钱，甚至比快乐更加重要。心理学家雷德·瑞森在研究中发现“即使在分子水平上，我们的身体和心理健康也更加依赖于意义，而不是快乐”。太多“自我感觉良好的生活”似乎会引起炎症、压力增加、免疫系统减弱，而“有意义的生活”会增强免疫反应和逆境处理的能力。意义有益于个人，也有益于组织，觉得工作没有意义的人越多，给工作造成的危害越大。

有人说：“我的工作是付给他们工资，找到工作的价值是他们自己的事。”丹尼尔·平克把这类人的思想描述为旧的组织思维：“人类天生就会追求意义，希望为比自己更伟大、更长久的事业做出一份贡献，成为这个事业的一部分，但是传统企业却一直将意义视为装饰。只要不影响其他重要事情，意义就是一个漂亮的配件。”这种观点目光短浅，因为通过帮助别人找到他们工作的意义，你可以释放惊人的正能量。不善于鼓舞人的领导者会流失有天赋的人才，因为他们没有时间去激励。

另外一个真正能够激发员工潜能的重要因素就是成就感。一个人弄清楚目标并对实现目标充满热情比较容易，但是这个讲求效率的世界信奉少投入多产出，依靠技术，要联系到员工也更容易了，因此工作要求、紧急状况、模式化团队等充斥在工作中，员工也许会感到迷茫：为什么每天下班时都觉得很忙却没有成就感。考虑一下你的公司：你是否创建了一种忙碌的企业文化？在你的企业文化中，是奖励工作到最晚的人，还是奖励完美完成公司项目或目标，并仍有富裕休闲时间的人？你是否创建了一种企业文化，奖励最后关头的转危为安，而不是奖励通过分析根本原因解决了长期存在的一个问题、挽回更多价值的举动？你是否为影响重大的项目按时完成提供了解决方案，以减少不必要的支出和重复工作？你是否训练员工沟通技巧，便于他们精确有力地说服他人，治疗开无用会议这种“疾病”？

没有人想被无意义的事或者无数的任务缠住。如果工作不能吸引员工，而员工又没有卓越完成任务的工具，你就需要准备工具，仔细思考怎么才能让员工在知识时代尽到最大努力。员工最大的财富是他们的智慧，并非像工业时代一样依靠双手和力气。是时候让更多的领导人适应一个事实了：工业时代早已结束。彼得·德鲁克曾说：“20世纪企业管理最重要和最独特的贡献，就是体力劳动的效率提高了50倍。21世纪企业管理需要做出的最重要的贡献，就是把脑力劳动和脑力劳动者的效率提高50倍。”那么，21世纪脑力劳动者面临的最根本问题是什么呢？

▶ 21世纪员工生产效率的三个障碍

富兰克林柯维（FranklinCovey）多年来一直是企业管理的引

领者，我们已经培训了超过2500多万人使用著名的“富兰克林时间管理工具”学习法。我们帮助人们管理时间，但现在生产效率的问题绝不仅仅是管理时间而已。脑力劳动者很容易让时间在不经意间溜走，工作结束之后会觉得空虚而疲惫。

生产效率问题 1

比起以往，我们要做出更多决定。仔细想想，每封邮件，每个任务，每个需求，每通电话，每种思想，都在要求大脑做出决定。工业时代，工人的工作就是在流水线上把一个个零件安到机器上，一天重复100次，很少做出选择或决定，即使做决定也是很简单或没太大影响的事情，他们的工具只有一个直接的用处。

脑力工人不再站在流水线上做重复的机械工作，而是有不计其数的决定要做：该做什么事，何时做，怎么做。比如，我回复这封邮件了吗？要出席这个会议吗？两个项目中，我要优先完成哪一个？需要做决定时，你总是全力以赴，但这些事情实在是既复杂又影响重大，比如一个销售如何安排时间就关系着几百万美元的生意。人们可能一直很忙，但每天下班时都不禁会问：“我这一天究竟都干了些什么？”

我们的一个客户说，她的销售部门每天都面临着无数的邮件、困难和需求，忙得脚底朝天。当被问到提升销量最重要的工作是什么时，她说员工的产品展示是影响最终成果最重要的因素，然而，即使所有员工都清楚这点，他们太“忙”了，根本顾不上产品展示这项最重要的工作。

生产效率问题 2

与此同时，我们的注意力遭遇了前所未有的危机，来自四面八方的任务产生的叮叮咚咚哔哔的各种噪音，充斥了我们的生活。托技术的福，信息量暴涨，具体数字横飞。20世纪末期，人类文明诞生以来的信息总量是12百亿亿字节，现在只需4天就能达到这个数量，当中还不包括个人信息，我们都面临着被邮件、短信和微博吞噬的危险！即便我们的大脑喜爱这些叮叮咚咚的通知带来的新鲜感也无济于事，它只会使我们对科技上瘾，这样就产生了一个矛盾：科技让我们的生活更加轻松，更有效率，但分散注意力和无法阻挡的信息爆炸是不可控制的。

生产效率问题 3

问题1和问题2已经让我们精疲力竭，我们正在经历一场个人能量危机，每天不再是标准地工作8小时。我们的头脑在不断运转，尝试不断做出影响深远的决定，几乎是每天24小时都在工作。当代人压力巨大，饮食不健康，缺乏运动和睡眠，这样的生活方式让人患上了科学家称为“疲劳综合征”的疾病，即我们常说的“疲劳过度”。每一天都在熬日子，不断推迟身体和大脑的更新，咒语就是“拼上命工作”。结果就是之前提到的，人们都陷入一种思维定式，把辛苦工作当作吹嘘的资本：“我们的团队昨天工作到凌晨”。你的员工在晚上10点时收到过你的邮件或信息吗？很有可能当时他们已经疲劳过度，不知道该不该回复。他们应该在那个时间工作吗？他们知道你的期待是什么吗？

一些领导者可能不理会这些问题，认为这就是我们不得不生活下去的世界，我们别无他选，只能学会适应，而高效能领导者则会意识到这种想法的代价，并采取相应的行动。

柯维公司最近进行的一项调查针对全世界大约35万来自不同阶层的人，他们都认为自己每天都在浪费生命中40%的时间，这几乎占到了他们的半生！

大多数的损失不是以财务损益或者表单上的债务显示，只不过这几种形式是国际通用、比较普遍的。最重要的是，浪费生命才是最为可怕的。

以上提到的有关生产效率的三个问题，越早得到处理，你和团队就会越早有杰出的表现。如果忽略了这些问题，那么你的员工仍会感到没有成就感，没有朝着目标前进，无法投入工作。

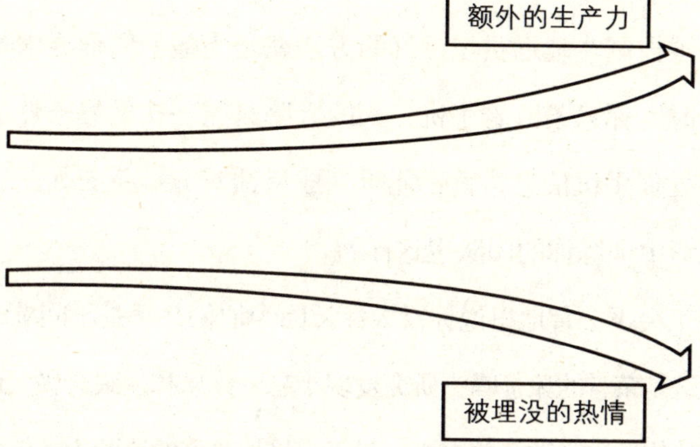

想象一下，如果员工很有成就感，享受工作，并且知道他们每天都在做出贡献，那会怎么样呢？如果员工根据检测数据感到他们每天把80%~90%的时间花在重要事务上，而不仅仅是60%的时间，这意味着什么呢？如果他们大部分时间都高效率，又意味着什么呢？

当一个人全身心投入工作时，我们怎么能获取员工头脑的结晶呢？让他们具备21世纪的思维模式、工作技巧和方法，让他们每天都极其富有成就感。

高效能和高度团结都来自你——领导者。你在效仿的生产措施是否正确？你刻意对收入进行分类吗，以便做出价值最高的决定？你清楚员工每天要根据事情的紧急程度做多少决定吗？他们的工作超负荷吗？你意识到员工现在的需求吗？

你清楚自己使用高科技产品的方式吗？你是在操纵机器还是反过来被控制？疏远员工最好的方法就是当他们向你寻求帮助或是聊天时，你只紧盯着手机。人的大脑只能一次做好一件事，如果它在处理手机信息，就不能听到或反馈对方。每天如此，你就是在无形中训练你的团队也这样做。

员工会不会背地里说你没人性，因为他们几乎是不间歇24小时待命？这是荣誉的象征吗？研究发现小憩、休息和睡眠会极大地提高效率。效仿这种举动至关重要，员工一旦目睹你的决断力，关注人而不是机器，关心员工的心理和身体状况，就会加紧做出更大贡献。

我们的一个客户曾需要确定700位销售代表都处于巅峰状态。管理层发现每个人都很忙，却意识到他们在做着与工作不相干的事情，而没有提高销售量，同时，管理层还觉得存在员工不进取和不团结现象。与我们合作之后，他们对于取得的成绩非常满意，告诉我们现在员工对于“重要而紧急的事情”会使用共同的语言。团队对于个人和公司的成功有清晰完整的想法，并且开始学会平衡工作和生活。所有工作人员一起完成了一项伟大的工作：利用科技加快工作进度。最后，员工一直在关注大脑的状态，保证自己在重要的岗位上发挥最大的价值。

24岁的斯蒂芬妮是一名小学教师，她同我分享了自己对贡献的一点看法：“作为一名新教师，有位母亲告诉我她的孩子认识了我以后变得更加优秀了，这些话对我触动很大，我意识到我不一定要成为名人才能发挥影响力。这种贡献不像衡量成功那样，却影响深远，我希望能留传这种影响。”

通过帮助员工发现自己希望在岗位上做出的贡献，员工就会十分投入。每一个人都会对企业的成功产生或大或小的作用，有人负责销售，有人负责设计产品，有人负责市场推广，有人处理或分析数据，掌控财务收支，有人可能在矩阵式团队（译者注：是相对于那种传统的按照生产、财务、销售、工程等设置的一维式管理而言的），有人可能是教练或者导师。成人们至少有一份工作，时下可能还有好几份工作。然而我们不应该被工作定义，无论是在公司还是在家。我们要为自己扮演的角色所获得的成功设计愿景，你扮演什么角色？你在自己的角色之中成功的愿景是什么？这样决定时，你就会重新发现目标和热情所在。你的员工也是如此，员工一旦发现并写下自己对所扮演角色的目标（也就是使之出名的角色），就会意识到自己热衷于做出的贡献。

你很清醒地了解你的员工，他们的才华以及他们工作的原则。这些员工充满热情和肯干的精神，你需要模仿这种行为，帮助团队成员辨认和释放他们主动工作的能力。

花时间仔细思考一下你作为领导的角色，把想要做出的贡献写下来。不要只是描述现在做什么，而要写下你在这个角色中想做什么。这种方法会挖掘你的工作热情，发现是什么在激励你以及如何在周围营造一个更美好的世界。

1951年苏格兰喜马拉雅山探险的组织者W. H. 默里写道："如果人们下定决心之前犹豫的话，就有可能放弃，对于各种想法和行动总会产生不利影响。这是铁的事实，意识不到这点，无数的想法和完美的计划都会泡汤。人下定决心的一瞬间，上帝也会行动起来。

"所有事情都是为了帮助你而发生，否则就永远都不会发生。下定决心以后，对你有益的事件迟早会以各种难以预料的事件、会议、物质援助等方式发生。"

试着从"忙碌"这种状态暂停一会儿就会发生神奇的事情，你开始探寻内心，发现目标，为使命宣言做出承诺。当你的目的和确定的行为连接在一起时，就会创造出难以遏制的动力，这意味着要按计划而活而不是顺着变化而活。如果人们知道他们的职责和获得成功的愿景，就会加速有价值的管理决策和集中的关注。

你可以通过下面的谈话来发现：

"想象一下当你离开现在的岗位，无论是现在还是几个星期、几个月、几年以后，你是谁？你做出了什么贡献？你如何知道的？你真的对组织有所改变吗？你怎样定义和衡量这种改变？

"你已经竭尽所能了吗？你在这个岗位上发挥了最好的才能、天赋和创造力了吗？你是怎样发挥的？你感觉到自己的成长和进步了吗？你是如何成长的？你学到的最重要的是什么？”

人们完成这些工作以后，就会深刻地反省自己，了解到什么在激励他们，热情的源泉是什么，而后才能学会怎样去调动一个人。做到了这一点，你将成为那种极少数知道如何释放员工巨大内在能量的领导者。

很少人会做到你这点，麦肯锡公司认为：“尽管人们的工作方式发生了巨大变化，但其所在组织的转变却小于预期……今天的大公司几乎对于提高员工的生产率没有作为。”换句话说，21世纪的组织不适合21世纪的员工。

▶ 释放员工生产力的成果与方法

要想成为可以扭转局面的少数领导，不妨思考一下全力以赴工作的员工身上的能量、活力和乐观的精神，这在科技日新月异的时代尤为重要。我们处在伟大时代的边缘，旧金山市市长加文·纽森说过：“实际上，人们会为了追求酷而去做酷的事情，为了一些有用的东西，或者就是为了好玩，花上数不清的时间和精力，乐在其中，尝试新鲜事物，渴望探索所有新技术带来的极限感。”

但我还是能听见你们摇头：“这里还是很冷漠的，员工们只是漫无目的地完成工作。尽管他们愿意，但我真不知道他们是否有能力‘全心全意地’投入工作。”他们一直使劲儿将船从泥泞中拉出这么远，都已经累坏了。

“冷漠根本就不存在，”加拿大的创业天才戴夫·梅思林说，“人们其实很在乎自身价值，但我们所生活的世界不断地设置障碍，客观上造成了我们的漫不经心。

“我们失去了领导者最重要的特点，就是追随你内心的梦想，与员工们共同努力将梦想变为现实。许多公司不会激励人，没有创造力，由此牺牲了胆识和创意。处处碰壁必然让人们心有不甘，变得冷漠。”

我的朋友凯伦和鲍勃·哈恩夫妇都已经四十几岁了，有天晚上凯伦接到一个电话，是社会服务部门打来的。鲍勃一家几年前收养了三个孩子，所以接到社会服务部门打来的电话并不意外。电话说他们刚刚了解到有一个需要寄养的男婴，问凯伦是否有兴趣再收养一个，这个孩子出生时患有唐氏综合征，以后会遇到许多特别的问题，需要特殊照料。

于是他们与小儿子瑞德开始了一段新的旅程，他的特殊耗费了他们的大量心血。

正如所料，瑞德遇到了许多问题。专家告诉他们“爱他，但对他不要有过多期望”，还有人建议瑞德不要上学，否则他会受很严重的创伤，另外一位热心的邻居则质疑他们：“你们怎么能这样对待其他孩子？”他们回答：“我们怎么能不给他这个学习和成长的宝贵机会呢？”

接下来几年，哈恩一家与瑞德朝夕相处，不出所料，他发育迟缓，但也开始有所进步。渐渐地，瑞德对他们的照料做出了回应。他们让他接触美妙的音乐、剧院、名胜古迹，感受激动人心的经历。有几次在观看演出和音乐会时，我还遇到了他们。瑞德开始学着说话，表达对生活的热情。哈恩夫妇继续寻找所有可能帮助瑞德成长的机会，他们参加政府和社区组织的活动，发现没有什么帮助，但是他们不想坐以待毙。他们得知还有其他正在寻找支持和帮助的唐氏综合征儿童的父母，于是创办了一个名为“与唐氏早期学前教育一起成长”的小型组织，每周在地方的一所高中举行几天的活动，父母和孩子可以互相学习、互相帮助。

消息就这样传开了，越来越多的父母来这里寻求教育和支持。大大出乎人们的意料，一个宏大的项目书仅用两个月的时间就写成了。这一项目被称为“孩子进行时”，设备已不足以支撑项目的发展，他们需要自己的大楼。面对需求快速增长而资金短缺的困境，哈恩夫妇和其他父母坚持了下来。他们四处筹钱，寻求政府认可，并列出了慷慨解囊的社区的名单。今天，“孩子进行时”已经成为0~3岁孩子的重要学校，其影响力从学校延伸到了家庭和社区，目前，雇员有80人，每年服务1500多名家庭。

瑞德这个被“专家”认为没有希望的孩子，已经成长为对社会有积极贡献的年轻人。他不仅能够说话，还学着使用Excel。他进入了一所特殊高中，在那儿交到了许多朋友。在学校的“喜爱”舞蹈比赛中，他被选为学校“最受喜爱的人”，并在高年级时成功地进入学生会。他考上了大学，成绩优异，是青年活动中固定的主题演讲者。他赢得过倡导大奖，还给许多国家组织写过信。对于一个没有被赋予期望的年轻人来说，他的确已经不错了。

一旦被点燃，凯伦和鲍勃·哈恩的热情就成了一种惊人的力量。他们遇到过困难、沮丧，偶尔走进过死胡同，但是他们的坚韧帮助了数千个生命，也为许多绝望的家庭带来了希望。

生产率的秘密就是点燃你团队的热情。

释放员工潜力的第一步是调动起他们内在的热情和他们希望留下的印记。你不用邀请他们去拥有一个梦想，因为他们本就怀揣着梦想，生产率飞跃的秘密在于找到那个赋予生命和人类灵魂意义的作用点。

如果你想让员工全身心投入，那就从你开始，你是一个激励型的领导吗？

彼得·舒茨接任保时捷CEO时，这位受人尊敬的德国汽车制造商走进了位于斯图加特的董事长办公室，看到了墙上呈现明显下降趋势的条形图。董事长对他说：“舒茨先生，这就是我们的问题，我们的员工知道怎样设计汽车、怎样制造汽车、怎样销售、服务，但我们不赚钱。当我们去寻找盈利差的原因时，发现我们的员工只是没有很好地合作……我们正在寻找一个能将整个公司团结、整合起来的人。”

舒茨回想起上班第一天中午与保时捷的高管们见面时的情形，他问了大家这样一个问题："目前公司的什么吸引你迫不及待地工作？”鸦雀无声，“好的，谢谢大家，我已经听到了自己需要的答案。”

舒茨知道他需要去激励和调动身边的人，但是还不确定怎样做。他约见了几个经理，问他们对公司即将参加的芒勒汽车大赛有什么想法。“我们获胜的机会在哪里？”他问。

“我们没有获胜的机会，”他们说，他们一辆新车都没有准备好。

“那我们为什么要参加呢？”又一次鸦雀无声。

“好的，”他说，“只要我在这个公司说了算，我们就永远不去参加没有胜算目标的比赛。因为我不知道你们打算怎么做，明天上午10点钟我会回来听你们的计划。”

第二天早上，所有人都来了，房间里有了不一样的气氛。计划很特别：他们从公司博物馆中找出一些老款汽车，安装上一种刚研发出的新型引擎。“有了这个，我们就有机会了。”舒茨记得，当时大家特别激动。他们分秒必争地行动起来，保时捷的团队将能找到的每样东西都用到了重新修复的赛车上——他们赢了。

舒茨决定激励团队不断提高生产率，他走进保时捷的顶级设计师赫尔穆特·博特的办公室，墙上贴着一张停止生产保时捷经典汽车911的时间表，因为销售下降，顾问们建议将911撤出市场，但是公司的每个人都对这款优雅的跑车有着很深的感情，将其视作保时捷的标志。

舒茨捡起了一支蜡笔，将这条线延长到表格的边缘，“我把这条线画到墙上，转过一个墙角，再转一个，到另外一面墙上。我在他的墙上画了一下擦不掉的线并问道：‘博特先生，你知道我的想法了吧？’博特点点头，他喜出望外。大家积极地投入工作，重新规划911的崭新形象。直到今天，它依然存在，并被选为‘百年好车’之一。”

彼得·舒茨用什么挽救了保时捷呢？激励。他鼓励员工们全身心投入工作，将生产率提升到了自己都无法想象的高度。保时捷的员工在舒茨到来之前，当然忙得不可开交，只是忙得没有任何价值。

你是一个激励性的领导吗？你自己的任务和愿景是什么？你希望给这个世界做出什么贡献？你怎样衡量自己是否成功地完成了任务？你怎样衡量团队或组织的成功？你会不断地提醒员工们伟大的目标是什么吗？你知道他们是怎么贡献的吗？他们知道自己的贡献受到重视了吗？

▶ 利用任务宣言发掘个人动力

构建一个激情四射的团队愿景很重要，列出每个人的热情和愿景同样重要，每个人都有不同的动力。

调动员工最好的办法就是让他们发现自己希望发挥的作用和希望产生的影响。我们每个人对于组织的成功都发挥着自己的作用，有的人做销售，有的人设计产品，有的人调查市场，有的人处理或分析数据和财务情况，大家各司其责。但我们并不是被动地完成自己的职责，我们是创造者。你扮演什么角色？你在角色中贡献了什么？你为自己的角色写下过任务宣言吗？

我从不同的人那儿收集了很多任务宣言，与大家分享几条我最喜欢的。

护　士	我的任务是教别人怎样好好地生活。作为一名护士，我会帮助病人们找回身体的平衡，更重要的是，我照顾过的病人会对健康之道有更好的理解，我不希望他们再来了。
会　计	我的任务是帮助我的客户财务独立，并保持下去。我需要认真地了解他们，包括赚钱能力、性格上的优缺点和自我管理能力，因为我只为那些希望将独立作为目标的人工作。
消防员	我的任务是防火，而不是灭火。我喜欢与人们一起工作，教会他们如何保护自己的生命和财产安全。我永远都不希望去灭火，当然，发生险情，我会好好履行职责。
数据分析师	我是一个讲故事的人，我将数字变成文字，把数字告诉我的故事讲给别人听。我的任务是让客户了解到相信我的故事，而不是相信他们自己想象的事，情况会有多好。

为什么这些是我最喜欢的任务宣言呢？因为每一个都是在讲一个很具体的角色所做出的巨大贡献，如果太笼统就会毫无意义，并且它们极富个性。我对这些人是谁，有什么才能，他们的工作理念是什么有了明确的认识。这些宣言充满了热情，也很现实。我尤其喜欢这个数据分析师的任务，与他同事所写的“我的任务是为组织带来准确有效的数据分析工作，以实现我们业绩的最大化”相比，他的内容尤为鲜活和实在。

倘若有一天你脱离现在的角色，你希望别人对你的贡献说些什么呢？你希望他们怎样记得你呢（如果他们能记得你）？你的贡献是饱含诚实和热情，还是没有任何你个人的东西，只是一个职位描述？

用一分钟来思考一下你所扮演的不同角色，并写下来。一旦找到自己最重要的角色，写一份宣言，表述你希望做出的贡献。这是你的愿望，不要简单地描述做了什么，而是写出你希望以目前的身份做什么。这样，你可以挖掘出自己的热情，发现什么才能真正激励你，你怎样改善周围的环境。

我们每个人都具有改变世界的独特能力和天赋，但发现它们往往困难重重。写出一份深思熟虑的贡献宣言，集中注意力找出承诺。直到对自己希望做何贡献有了一个明确的答案，你的承诺才会明确。

▶ 实践步骤表

要释放自己和他人的生产率有以下五个选择。

步　骤	行　动
1. 做重要的事，不做紧急的事情	将你一周需要做的事情列一个清单，包括电子邮件、需要注意的论文、社交媒体更新、需要回的电话、要去接的人，等等。

画一个四方格，将每个格子都按照指示贴上标签。

1. 重要而紧急	2. 重要但不紧急
3. 紧急但不重要	4. 不紧急也不重要

将你的清单事项分列至这四格中，然后遵照如下建议。

	行动项	建议
1	重要而紧急的事情，例如，灭火、处理突发事件、将要到截止日期的工作等。	执行，并分析怎样在今后避免这些事情。如果你是诚实的，就会发现充分准备后，这个象限的许多事情都是可以避免的。
2	重要但不紧急的事情，例如，计划你的时间、朝着长期目标努力、持续提升、预防未来的危机、阅读和学习。	将你宝贵的时间和精力用在这儿，如果能做到，你就会有充足的时间应对真正重要的事情。
3	紧急但不重要的事情，例如，别人对你提出的要求，你被邀请但不想参的会议。	对这些问题说“不”。许多别人让你做的事情可能不会对你的首要目标和自己的重点有任何贡献，交给其他人可能会更好。研究证明，白领们把大约41%的时间用在了对个人满足没有意义的事情上，这些事完全可以交给别人。
4	不紧急也不重要的事情，例如，上班的时候上网或玩游戏。	对这些事情说“不”，你没有时间浪费在这些不重要的事情上。

这4个表格里的活动不应仅仅局限于工作活动，也应当包含你的个人和家庭活动。

邀请你的团队来做这个练习。提问：“我们在表格3和4中的哪些事情是不该做的？表格1中，哪些是如果我们做了更好准备，可以避免的？表格2中，我们需要重点关注的是什么？”

步　骤	行　动
2. 追求非凡，不甘平庸	作为领导，你的任务是释放员工特别的潜能，但首先你要发现他们的潜能是什么，你可以通过下面的谈话来发现。 想象一下你离开岗位时，无论是现在，还是几个星期、几个月或者几年以后。 ● 你是谁？你有什么变化？ ● 你做出了什么贡献？你如何知道的？你真的对组织有所改变吗？你怎样来定义和衡量这种改变？ ● 你已经竭尽所能了吗？你在这个岗位上发挥了最好的才能、天赋和创造力了吗？怎样发挥的？ ● 你感觉到自己的成长和进步了吗？你是如何成长的？你学到的最重要的是什么？

先自己完成这个实验，再去跟别人尝试：

- 找出你扮演的不同角色，写下来，列入你的工作角色和你工作以外的角色。
- 写下你希望在每个角色中做出的特别的贡献，慢慢写。这是你的愿望，不要简单地描述你现在做了什么，写出你希望以目前的身份做什么。这样，你可以挖掘出自己的热情，发现什么能真正激励你，你怎样为周围的人创造一个更美好的世界。

角色	贡献

跟你的团队成员一起来做这个练习，邀请别人写下问题的答案，然后一起分享。

步　骤	行　动
3. 安排要事，放弃无关紧要的琐事	每个星期查看你的日程，检查下面的每个行为： • 看看你的角色宣言，这个星期你做的哪一两件事会对你的贡献产生最重要的影响？ • 列出所有行动项，分列至相应的表格里。 • 将表格1中的事项放到你的日程安排中，但要思考一下今后如何避免，计划如何落实。 • 删除或将表格3中的内容委派给别人，它们不重要。 • 删除表格4中的内容，它们不重要。

对生产率的最大威胁恰恰是当初为了加速它而设计的技术——你的智能手机、笔记本电脑或者平板电脑。一般情况下，早上起来你的第一件事，就是和平板电脑说早安。你会查看你的邮箱，边吃早饭边阅读，会一整天玩游戏、上网、搜索资料，也会盯着智能手机，不停地发短信、打电话，直到晚上临睡前看到

的最后一样东西还是屏幕的光。

技术确实值得高度赞扬，但它也让我们分心，更糟糕的是，会破坏我们的生活。

步骤	行动
4. 做技术的主人，不做技术的奴隶	留出查看电子产品的时间，可以在中午或者下班之前，其他时间约束自己远离它。
	邀请你的团队思考他们对技术的态度。他们会更好地使用吗？你的团队会因电子产品而分心吗？怎样来消除这种情况呢？

你和你的团队面临一项需要通力合作的大任务，所以你不能过度疲劳，让激情火苗均匀地燃烧，脑科学家认同适当的锻炼、饮食、睡眠、休闲和交际会给大脑注入新的活力。

步骤	行动
5. 保持精力充沛，避免精疲力竭	安排时间给自己“加把火”，你的一个重要角色就是“自己”。
	邀请你的团队为他们的重点制订自己的计划。

6

CHAPTER

第六章

要素 4：激发信任

Practice 4: Inspire Trust

信任是最高形式的人类动机，它展现了人类最美好的一面。

无论是工作中还是生活中，领导的首要工作就是建立信任。要让员工展示最好的一面，给他们委以重任，创造一种高度信任、相互支持的环境，激发员工的无限创造力。

——史蒂芬·柯维

各项工作中的当务之急便是建立信任。

事实证明，失去信任是我们陷入经济困境的主要原因。21世纪的几次金融危机造成公众对于大型企业、银行、政府等机构的信任直线下降，许多人甚至不再相信社会的经济基础。

只有10%的员工相信老板是正确的，只有14%的人相信公司的领导者诚实可信，不到五分之一的老百姓认为企业领导能信得过，只有16%的美国人信任大公司。在组织中，82%的员工认为他们的高管利用职务之便为自己谋福利，觉得领导们太过利己，追求短期效益，做决策时也是受自我利益的驱使。

针对上述情况，牛津大学科林·迈尔教授指出："公司中信任的缺失反映出，人们认为公司的存在只是为其所有者和股东赚钱，这些人为此不择手段。从我们作为客户、雇员和社会团体的角度来看，我们只是游戏中被人利用的棋子，为别人谋得利益，接连发生的丑闻只会进一步证明公司确实不值得信任。"

普遍的不信任现象就像为经济发展大车踩了一脚刹车。供应链中的各个环节都慢慢减速，因为所有的交易都需要经过管理、审查、记录、复核。由于调查变成了深入调查，交易需要花费很长时间，所有环节的成本都在上涨。例如，针对安然和世通公司出台的《萨班斯—奥克斯利法案》难以置信地耗时和昂贵。一项调查发现，只落实法案中某一环节的成本就高达350亿美元！

▶ 信任对员工优秀表现的加速作用

显然，对于那些以诚信著称的公司来说坏消息就是好消息，人们比以往更愿意与他们信任的人做生意。盖洛普公司报告说，拥有高信任度雇主的业绩比拥有低信任度雇主的高186%。华信惠锐研究发现，高信任度的组织股东的回报是低信任度的组织股东的三倍。过去宣称自己是最佳供应商的领导者，现在需要去证实自己是最值得信任的供应商，那些将建立信任作为重点的人无疑会具备战略优势。信任经济学是如何实现这种超高回报的？仔细思考一下，信任总会影响两种可控的结果——生产效率和成本。当信任度下降，生产效率下降，成本增加，产生信任税。当信任度上升，生产效率上升，成本降低，就会产生信任红利，信任的功效就是这么简单、真实和可预测。

你觉得这些关系中哪些地方信任度最高？与你信任的对象的沟通成效如何？依照我们的经验，它简单易行，而效果显著。即便面对一个棘手的难题，我们也可以依靠信赖之人快速解决。在高信任度的关系中，哪怕你说错话，也不必如履薄冰，担心得罪他人或做出意外的承诺。

一旦我们明白了信任经济无可比拟的优势和可控性，就像是戴上了新眼镜。不管朝哪儿看，都会见识到可以量化的效果。如果公司里信任度很低，我们就要缴纳信任税。尽管这些税不会像在工资条上以数字显示出来，但是它们会以其他问题形式展现出来，包括裁员、官僚政治、政治斗争、分崩离解、内部欺诈。相反，高信任度带来的利润也非常高。当员工互相信任，利润也会成为员工表现的助力器，提升公司的各个方面，这些利润包括公司价值提升，规模扩大，创新增多，合作增加，更加团结，员工表现出色和忠诚度提升。把这些好处加在一起，就会减少甚至消除信任税。你还会怀疑信任度与组织价值之间重要、直接、可测量且不可撤销的联系吗？一句话，信任能改变一切。

因为高信任度对员工表现起加速作用，以前奉行成为市场上“优质提供者”的领导们，现在要成为“最受信任的提供者”，把建立信任当作首要任务的领导者显然会获得战略优势。

有一段时间，苏作为麦当劳的经理，常和创始人之一雷·克劳克开会，雷曾经无法在30天期限内支付供应商货款，早期要创建国际品牌时，现金是一个很大的问题，因此雷和关键供应商，比如可口可乐公司坐下来商谈，解释有时可能延期支付的原因，并保证一定会付款，不管多艰难，他都履行了承诺。

可口可乐公司之所以会同意这样做，是因为雷保证不会更换软饮料供应商。他们达成共识，直到今天，麦当劳供应的可乐一直是可口可乐。这个故事是我亲自听到的，我当时开车载着雷，他在我车里看到跟可口可乐竞争的一个品牌饮料，回忆了自己与可口可乐公司的合作，以及在他努力实现麦当劳的任务和愿景时，这种合作给他带来的无与伦比的帮助。

苏说道：“他还问我为什么会买另一个牌子的可乐，我说是因为我喜欢甜一点的口味，他笑了笑说我的味蕾一定出了问题。即使是错误，他也一直忠诚。不久之后，一辆装满了可口可乐的卡车停在我的公寓门口，里面是够喝一整年的欧洲可乐，还有一张雷写的大卡片，写着：苏，欧洲配方比美国配方更甜，如果需要我这里还有。苏，没有任何借口，我们要忠诚于合作伙伴，我也会忠于你。”

苏从雷，以及麦当劳的领导员工身上学到了很多东西，比如扩大信任圈的力量。因为信任，可口可乐得到了有史以来规模最大、带来最大利润的客户——麦当劳。

鼓励人们互相信任，扩大信任范围，这是赢得无可比拟优势的关键。建立信任是一种技巧，是工作助力器，也是当代低信任度经济环境中必备的领导才能。

过去的工作	当务之急
成为行业里的优质提供者。	成为行业里最受信任的提供者。

那么，建立信任的方法是什么？

在史蒂芬·柯维《信任的速度》一书里提供了“一个框架、语言和步骤”，能够引导读者在五个层次建立信任，或称为“五波信任”，这一术语来自“水波效应”比喻，形象地展示了信任的本质，以及怎样开始由内而外培养信任。第一波信任是自我的信任，采用信用原则。第二波信任是关系的信任，采用行为原则。第三波信任是组织的信任，采用协调的原则。第四波信任是市场的信任，采用声誉的原则。第五波信任是社会的信任，采用奉献的原则。当我们由内而外不断进步时，这些原则也就不断积累，建立越来越深的信任，发挥越来越重要的影响。其中头两个原则——信用原则和行为原则是建立信任的两块基石。

▶ 建立信任的两个要素

信任从何处开始？从你开始，通过你的信用。在《信任的速度》一书中，柯维博士解释了信用如何成为信任的基础，从长远角度来看，没有信用你就不会获得信任。信用来自两样东西：你的品行（取决于你是谁，你的忠诚度和目的）和能力（你能做什么、你的才能和成果）。能力是一种表象，而你的性格像是植物的根系，藏在深处滋养着你的成功。

假如我们在谈生意，你知道我们有专业资质和工作技能，但是不遵守诺言，你便不会再信任我们，所有的合作也会终止。即便我们是行业里做得最好的，但品行不端也会阻碍你与我们继续合作。哪怕是那些顶级运动员和能力超群的主管人员，品行一旦出现重大问题，公众就不会再信任他们了。

与此相反，假如我们在谈生意，你知道我们讲信誉，关心你的利益，但是我们的从业方向和这次的目标不相干，也没有突出的业绩成果，你也不会信任我们，所有的合作也会终止。缺乏能力会阻碍信任，即使我们极其真诚和体贴。如果你去度假，没准儿会托付我们看家，但如果我们没有一系列成果清单，你不会在关键项目或可交付成果（译者注：为了完成项目或其中一部分，而必须做出的可测量的、有形的及可验证的任何成果、结果或事项）上信任我们。

品行和能力对于建立信任都至关重要，品行是更根本更优先的原因。进一步研究品行和能力，引导你使用柯维博士创建的“四个核心信任”评估自己，前两个核心原则属于品行，后两个核心原则属于能力。

信任的第一个核心是诚实，用树比喻，诚实就是根系。诚实，就是指真实和一致，做正确的事情。伟大的教育家卡尔·麦斯尔博士十分深刻地描述了诚实意味着什么：“把我关进监牢中，监狱的围墙是石头做的，墙很高，很坚固，深深地埋入土壤，我仍有可能逃出去，但假如让我站在地上，在我周围用粉笔画上圈，而我保证绝不会逃出去，我会离开这个圆吗？不会，绝不！我宁可死去。”

信任的第二个核心是动机，用树比喻，动机就是枝干，一部分位于地下，一部分露在外面。动机建立信用和信任最好的时机，就是当你关心员工而且他们也知道你关心他们的时候。议程建立信用和信任最好的时机，就是当你敞开心扉寻求共同利益，试图实现双赢的时候。设想一下，当你向某人隐藏自己的动机，你会怀疑他们说的每一句话、做的每一件事。甘地是这样说的：“当一个人的动机受到怀疑时，他所做的一切都会成为污点。”

信任的第三个核心是能力，用树比喻，能力就是结出果实的枝丫，它指的是你激发自信的技能，你获得结果的方法。能力是由天赋、技巧、才华和知识组成的，关键是，你与此相关吗？一个家庭医生也许很讲信用，他的动机也许很好，他的行医记录也许很有说服力，但是除非他接受过良好的培训和训练，比如脑科手术，否则他就会缺乏信誉。

信任的第四个核心是成果，成果就是你的业绩单，你的表现，你把事情做对的能力。成果对你的信誉影响重大，正如杰克·韦尔奇所说，成果就是把表现账单摆在桌面上，这些成功赋予你影响力，把你归为生产商、表演者。成果会转变悲观者，以树做比喻，成果就是果实，摸得到，可测量，是根系、枝干和枝叶的最终目标和产物。

以上四个核心的任意一个——诚实、动机、能力和成果，对于个人和组织的信用都至关重要，而信用又是建立信任的基础。

除了信誉，另一个建立信任的关键要素就是行为。行为意味着你要做什么，以及怎么做。人们不仅会评定你的结果，也会评判你实现的过程以及你在市场上的表现。企业高层和政府领导人中，常会出现一种让人震惊的现象：他们在大萧条期间互相指责甚至大打出手，几乎把信任毁于一旦，“十年来经济最困难的时期，员工眼中的领导不是在领导，而是在不断地咒骂和指示别人。”加文·纽森抱怨说。

仅仅谈论行为还不够，你还得付诸行动不断练习。从银行账户这个角度思考信任和你的人际关系，这就像存款和取款，最后都会通过行为显现。在《信任的速度》里，一共列出了13种高水平促进信任的行为，这些行为包括信守承诺、匡救弥缝、负起责任、彰显尊重、先听后说、直率交流，等等。与此相反的行为则会减少甚至摧毁信任：违背承诺、否认错误、逃避责任、缺乏尊重、不善倾听和说谎。

总的而言，大多数人和企业的常见行为是虚伪行为，比如“编造”一个故事，可能逻辑上能讲得通，却给人留下了不真实的印象，不如开门见山把话说清楚。其他常见的虚伪行为包括掩盖错误，而不是匡救弥缝，隐瞒安排而不是公开透明，指责他人而不是负起责任，给予过多的承诺、到后来又无法完全兑现。除了这13种虚伪行为，可能还有更多会影响个人和组织，导致他们失去信任的行为。显然，它们会摧毁信任。虚伪行为就像假币，尽管一开始会迷惑人们，但最终会减少信任。

▶ 信任带来高回报的案例

学习了史蒂芬·柯维先生的《信任的速度》，菲多利公司的高管们对于建立信任可以提高工作效率、降低成本很感兴趣。“菲多利从来就不是一个低信任度的公司”，柯维评价，但是CEO艾尔·格雷希望能重新点燃公司的文化。和所有优秀的领导者一样，他希望工作能更充实、迅速、优质，也希望能激励员工，帮助他们投入工作，简单地说，就是重新调动他们。

几百个官方的步骤和程序一扫而空，也免去了层层决策。员工通过学习建立信任，进行自我反省，公司管理因此焕然一新。

“我们不只教会他们技能，也改变了企业文化。”菲多利副总裁谢莉尔·希尔米拉达说。公司引导员工们各自选择两个人：一个你信任他的才能和品德，另外一个你觉得会搞砸你的工作，或在背后给你使坏。想想那个不信任的人所带来的额外工作，浪费的精力和随之而来的沮丧，毫无疑问，低信任度让人筋疲力尽、压力巨大。你听到有人说“我要发100万封邮件来盯着这件事”，“连回家的路上我都在担心”，“它打破了我生活/工作的平衡”，每个人都遇到过这种情况。如果你周围的人没有按照诚信的原则行事，情况会变得举步维艰。

菲多利公司自上而下实行这种方法，发生了翻天覆地的转变。他们第一次批判不诚信的行为，定期在各个级别组织“信任谈话”，找出存在的问题，并于每个季度组织检查会议，评价在成为更值得信任的企业过程中取得的进步。“我们学着去互相信任，”

艾尔·格雷说，“结果就是我们不再需要多余的官僚主义了。”

2008年，公司面临巨大挑战，燃料价格突然暴涨，爆发了70年以来最严重的经济衰退。由于暴雨破坏了庄稼，他们的原材料——土豆的价格翻了10倍，财务危机迫在眉睫，但是菲多利公司以全新的角度和技能做好了准备，凭借着高效的决策过程，他们成功躲过这场危机。整个定价系统在5个星期内就重新设计好了，通常需要16个星期！一般需要用两个月时间争论才能确定下来的事情，他们只用了10天。

非但没有经济财务上的危机，菲多利公司竟创造了历年来的最佳业绩，大大超过人们的预期。“这是10年来，我们利润增长最快的一年，”艾尔·格雷说，“我将这一切归功于信任的建立，那些特别复杂的决策通过的速度令人咋舌。仅一年，我们就通过了5个艰难的决定，史上第一次出现这种速度……这是我在公司28年来见过的最令人激动的文化转变。”

作为领导者，你的影响力很重要，而在建立起他人对自己的信任，鼓励他人彻底信任彼此的路上还有很长的路要走。

▶ 实践步骤表

通过以下步骤，你可以与他人一起建立信任。

步　骤	查找点
1. 评价你的品德	**诚　信** 你怎样看待自己的行为，它们与你内心的价值观一致吗？
	目　的 你的想法是什么？是隐藏的，还是公开的？
2. 评价你的才能	**能　力** 你能实现你的承诺吗？你的目标依然明确吗？
	结　果 你过去的记录怎么样？

步　骤	查找点
实践13个信任的行为	**1. 直率交流**　你诚实吗？你能说出事实吗？ **2. 表达尊重**　你真的关心周围人吗？ **3. 公开透明**　你敢保证说出的事实能经得起验证吗？ **4. 匡救弥缝**　你能迅速道歉吗？你会尽力挽回吗？ **5. 显示忠诚**　你怎样赞扬别人？你会在背后诋毁别人吗？ **6. 取得成果**　你把该做的事情完成了吗？ **7. 追求进步**　你是一个不断学习的人吗？ **8. 面对现实**　你会直接面对困难吗？ **10. 负起责任**　你会为结果负责吗，无论好与坏？ **11. 先听后说**　你会不去倾听就自认为了解对方的想法和感受吗？ **12. 信守承诺**　如果违背了承诺，你会改变自己的路线吗？ **13. 传递信任**　你会基于当时的情况、风险和当事人的信誉而坚持信任他人吗？

行动计划

关于13种行为：

这些行为哪些是你的强项？

哪些你需要改进？

你会怎样来改进？

思考你生活中的重要关系：

哪些你正在做的事情会潜在地破坏信任？

你会做什么来提升信任的层次？

7

CHAPTER

第七章

要素 5：帮助客户成功

Practice 5: Help Your Clients Succeed

拥有天赋会赢得比赛，但是团队协作和集体智慧才能赢得总冠军。

——麦克·乔丹

我们曾经提到领导者是值得信赖的人，拥有很高的目标，能激发出员工、客户和各种拓展团体深层次的信任，从而建立起忠诚。也许在销售企业里，没有比目的性强、鼓舞人心的领导力更能带来彻底改变的力量的了。20世纪贯穿始终的假设就是要刺激销量，全部所需只是强大的销售人员，但这早就过时了。现在，客户的要求变得更高，而销售环境也更为复杂，顺应现实的领导者发现建立长久的成功并非来自挖掘强大的销售人员，而是来自建立卓越的销售文化。

这不仅仅是转移企业的重点，而是根本上改变模式，以回应在客户—销售关系中发生的一系列变化，过去10年销售行业发生的变化比过去50年的还要剧烈。客户比过去更加清楚自己的需求、选择以及商家竞争状况，他们已经把商家排在了需求、预算和已有品牌之后。客户会和销售者见面，但前提是销售者具备更高价值的视角、思维、服务或产品，并且他们再无法忍受“你问我答”的游戏。

另一方面，销售人员已经能极好地利用大数据来了解现实客户和潜在客户，认准目标对象，但他们仍只是藏在销售曲线背后，应对顾客的变化而不是引领这种变化。公司现在面对着诸多需求，有针对工具、制度和策略的，也有专门为销售部门投资的培训。然而有调查显示，有50%的客户在未经产品服务和试用之前就建立了客户忠诚度，这就意味着如何销售比销售什么更重要，同时购买和销售的这个过程对品牌意义重大——懂得建立销售文化的领导能够带领企业走向成功。

你的销售团队在创造什么样的购买体验？是不是老套的解决问题模式，一个接一个地提问而没有任何补充？或者是惹人烦的强迫症，不断追问、刺激甚至侮辱客户？还是那种可以为你或任何公司效力，看不出任何差别的销售服务？那些顺利完成任务的人呢？他们只想知道“今天我能为你做什么”。

相反，假如你的销售人员都信息丰富、充满远见、值得信赖，一直在尝试和客户一起、为客户创造价值，一个这样运行的销售部门，肯定是具备重要的交谈技能和严谨的商业思维，以及有的放矢的实施策略。这会使你的销售人员谈判时既真诚又有远见卓识，与客户一起探究核心事情，合作讨论出满足客户需求的方案，其目标是帮助客户成功。

这种模式会调动和激励整体的销售文化，为销售部门注入力量，为客户做事而不是给客户做事，同时还会释放无与伦比的高效能力，带来前所未有的成功。

▶ 团员人员不在多而在精

当你的公司具备了强大而真实的销售文化后，甚至能撬动世界，不仅可以拥有更好的商业合作和伙伴关系，还能更有信心地参与竞争。挖掘强大的销售人员和建立伟大的销售文化之间的区别，可以通过九个年轻的华盛顿州运动员经历说明，他们在1936年德国奥运会上获得冠军。这支来自华盛顿州立大学的队伍在柏林奥运会开赛前不到五个月才成立，和其他选手不同，他们大多数来自上层社会或者条件优越的中产阶级和工薪家庭，是修船工、伐木工和农民的孩子。正式组成队伍之后，在教练高效的指导下近乎完美地同步，“勇武之队”的成员最终打败了世界上最强的队伍。组成这支队伍的最精彩成就不是成为超级明星梦之队，而是一个“不可能的组合”聚集了诚实、用心、努力付出的团队成员。他们每个个体都具有才华，合在一起就所向披靡。

同样，你不需要明星销售员，你需要的是超级销售文化，普通员工也可以做出伟大的事业。根据我的经验，公司领导者往往会采用密西西比河淹没三角洲的方式来保持企业文化：每七年这股力量来袭，摧毁一切，接着滋养大地，营养成分随着时间流逝，等待洪水卷土重来。这种方式绝不会形成一种成规模的可持续企业销售文化和销售能力。

想象一下一个软件开发师说："一旦员工学习了一种编程方法，我们就不会再让他们接受更多教育或者信息。"他们这样能对编程界有多熟悉？多久以后就会遭到解雇，一年还是三年？毋庸置疑，用不了多久，他们就会彻底落伍，公司对待销售团队经常是用这种方式。

如果你希望自己的销售团队传承下去，就需要不断地关注和滋养。不幸的是，我们常被这样一个谬论误导：打造表现优秀的销售文化和能力既困难又浪费时间，实际上，这并不一定非常艰难，除非你想完成很多事情才会付出很高的成本。不一定要像七年一遇的洪水一样一下子花费巨大，如果始终顺应经济曲线，整个过程会更顺畅。切忌短时期内大量投入提高一年的销售表现，结果接下来几年都止步不前，相反，你的公司可以每年投入少量的资金参与一个强大的、不断更新的循环项目，这样你就能够设定和专注于目标，预估结果以便于很好地适应新状况并不断改进，这种方法可以让你省去一个复杂而昂贵的环节。

很多行业的领导人都看到了这个方法的价值，而且有勇气承受，他们说：“这就是我们的经营方式，它意味着成为社会的一分子。”同事兰迪谈起了我们的一个客户发生的变化，尽管该公司有20年销售经验和几百万美元收益，但失去了发展方向。除了其他困难，这家公司的执行部门正在经历巨变，销售部门四分五裂，却还要同时为5个运行部门服务。“这家公司在与客户合作的方式以及思考如何销售方面的思路上完全不一致，”兰迪说，“它只是聚集了一群销售人员，而不是拥有自己脉搏和积极营销文化的公司。”

新上任的领导者认为这家公司实际上不需要再雇用新的销售人员，他甚至还精减了销售队伍，他们需要的是搞明白怎样成为一个伟大的销售企业，以及怎样围绕销售创造提高业绩的文化。经过为期三年的与富兰克林科维公司销售训练的合作，就是这样一个曾经利润下跌、业绩下滑、走向衰落的企业，面对内部格局巨变且销售高层和整个部门都严重缺乏一致性的困境，这位领导人在公司为期20年的历史中首次建立了团结一致的销售文化。

为了达到目的，他把整个团队组建成一个销售公司，赋予每位销售代表一个职位和领导者身份。他配备了所有伟大的企业文化中具备的要素：明确对员工表现的期待，明确工作程序，为员工职业培训和使用工具投资；补偿工资到位，规划团队每一个成员该做什么，训练员工出色发挥。从销售人员到CEO，团队里每个层级的人都知道该做什么以及怎么做，公司以一个整体的方式运营。

经过一年的转型，一位领先行业分析师得以采访这家公司的几个客户。分析师反馈说，与他交谈过的客户都表达了十分欣赏公司销售的新模式。分析师说："无论你在做什么，坚持下去，因为你的客户会注意和重视这种不同。"这些主动提供的赞言强调了一个事实，公司的竞争优势不仅是销售什么，还有怎么销售。

结果令人吃惊。上任第一年年底，他让整间公司从亏损到增收35%，新建的销售客户增加154%，辅助增加销售量133%，销售人员增加14.7%，平均成交规模增加18%。有史以来第一次，企业里的员工为自己与公司的生意密切相关感到骄傲，他们参与其中，获得身份，业绩也随之提高。

▶ 改变员工服务客户的思路

创建一种专注于帮助客户成功的文化，能从根本上改变你做生意的方式，这需要改变过去一个世纪以来公司里根植的思维方式和技巧，比如，当你会见客户前就已经准备好解决方案。专业销售人员预测每个客户都需要他们的产品，认为自己的解决方案能够普遍应有。但是，只有解决人们关注的问题，或者带来人们非常欣赏的结果，这样的解决方案才有价值。如果客户没有什么需要解决的，提出解决方案就没有价值，懂得这个原理会指导你与客户之间的所有的事情。

销售人员总是急于告诉客户："解决你问题的方法是……"让我们花几分钟仔细检查一下这个句子，把这个提问方式里包含的假设写下来。

- 只有一个问题。然而，可能现实问题不只一个或是几个不同的问题交织在一起，却只有一个解决方法。
- 我们可以测量这个问题的维度。
- 这个方案会解决所有的问题。
- 解决方案的成本要远远少于问题带来的成本。
- 某个人愿意也能够为解决这个问题调配充足的资源。

你可能还有好多假设想要列举，你可以通过同样的练习，使用同样的结论和同样的语言："应对这个机会的方案是……"

如果你没有思索过涉及的各种可能，怎么能理智地谈论一个问题的解决方案呢？然而这样的情况却经常发生。

去掉泛泛而谈的解决方案

谈到解决方案时，买家和卖家之间有一种共识。销售人员愿意谈论解决方式，这是他们的舒适区，与他们有关，是他们提出的解决方案，非常了不起。那么客户呢？他们总希望有一个魔法配方：在某个场合他们投入些资金，然后一切就都顺利了。

相比于调研问题解决方案，找到客户所存在问题的证据，研发成功的度量衡，探索系统性的影响，辨别和克服压制，纸上谈兵要容易得多。只要问题解决方案是谈话的主题，客户就会把所有的压力释放给销售人员，他们静观其变，看着销售人员尽情表演。

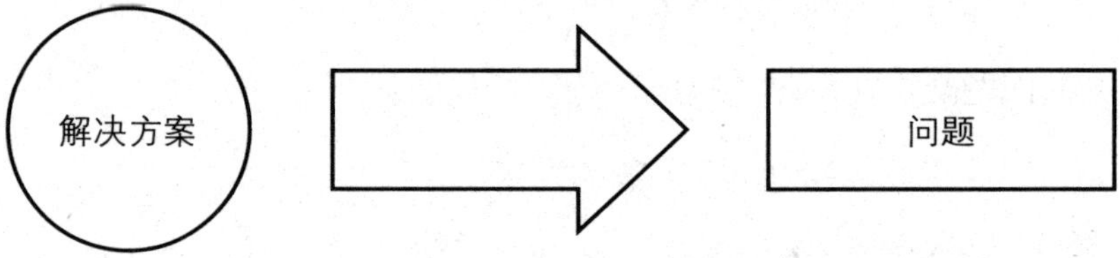

顶级专家都能“去掉解决方案”，他们通常用一个充满哲理的角度开头，引起客户兴趣，但不会提出最终解决方案，直到他们机智地找到要解决的问题和达成的结果。他们设计提问，用以针对重要的假设得到有意义的答案，用一种舒服的、交谈式的、高时效的方式。实行得好，客户就会从中受益，也会理解他们的处境。

但是去掉解决方案需要方法和交流技巧，要避免的最艰难的行为之一是希望第一个解决方案能立刻通过。能够拒绝这种即刻解决方案的专业销售人员将更为成功——去掉解决方案！

目的比技巧更重要

如果说你怎么卖比你卖什么更加重要，你的整个团队的集体目的就是你销售文化的基石。技巧也很重要，但关注别人的成功而不是自己的成功，是获得持续成功的捷径。要帮助客户获得成功，你需要掌握客户的重要信息，这意味着向他们提问，而你的客户决定保留多少信息很大程度上取决于你提问背后的意图。你的提问是在用客户感觉良好的方式帮助他们获取所需，还是在用自我感觉良好的方式图谋私利呢？他们是相信你会有利于他们还是认为你有害于他们？在提供信息的时候，很多客户潜意识里会本能地做出这些判断。

史蒂芬·柯维，总结了目的的两个关键点。

1. 信任的程度会带来重大的经济影响：信任上升，速度也会上升，成本下降；信任减少，所有进展都会变慢，成本就会上升。大多数人只是凭直觉感受到这一点，而史蒂芬找到了支持的依据。

2. 信任可以有意地建立。获取信任是一种可以学习和改进的技巧，而不是全凭运气、环境和希望。

在《要么不做要做就做到最好》这本书中，玛汉·凯萨、兰迪·伊利希这样描述信任：信任=目的+专业。客户必须相信你的目的与他们的利益是一致的，而且相信你的专业知识能够设计和提出满足他们需要的解决办法。对于我们大多数人而言，如何加强专业技能要比改进客户对销售目的的认知更加清晰。然而一旦客户对你的目的有所质疑，你的专业技能也会大打折扣。

无论你是否怀有目的，客户都会自动为你分配一个，而他们为你设定的目的将会很大程度影响你们对话的质量。如果你对自己的目的都不是一清二楚，那么你的客户更不会有清晰的认识。

同时，当人们感到他们是在被你的结论控制或主导，而不是得出自己的结论时，常常会抗拒性地走向相反的方向，这种行为叫作感应抵抗，它带来的结果就是你越努力向人们“兜售”，人们越不买账。人们感到自己的选择被限制了，就越发想要打破这种限制。这是一种情绪反应，当信任牺牲，信息流通就会遭到严重阻碍，销售人员更难得出满足客户需求的解决方案。

相反的，当一个客户认为你的目的是帮助他们获得成功，那么他们会跟你分享自己关于成功的信仰。你越是理解一个客户的想法和需要，你带到谈判桌上的方案就越好。总而言之，关注客户的利益会为你自己带来好处。

你内心明白这种动态，但对满足个人或者公司盈利目标感到有压力。你唯一想的就是：“达成目标，完成任务！”然而，事与愿违，你越是努力，越是无法实现。完成数量上的任务越重要，越需要从自己的销售业绩上转移注意力，关注客户的利益。

这是所有同事通过经验总结出来的，我们曾经以销售为生（我必须得销售出去），我们曾销售一空（我能够说服他们这样做），我们帮助客户获得了成功。我们知道内心、头脑、勇气的区别，帮助客户成功不仅让人感觉更好，而且极大地提高效率。帮助客户成功不是为了表现友好，也不是大公无私，而是一种力量，让我们得到我们想要的。

当然，技巧也很重要，哪怕你是世界上拥有最好意图的人，没有销售技巧或批判思维你也不会成功。同样的，如果你的技巧不是为了目的服务，你的目的不是为了共事的人服务，就会损害周围的一切。

学会提问和聆听

为了追随当今销售行业潮流，你不能简单地用质疑折损企业的发展前景，它们不会参与游戏，只有当你获得这种权利以后才能提问，成功企业的发展是在拥护和质疑中保持平衡。

过去，销售人员面对潜在客户会提出很多问题，客户很愿意回答这些问题。如今，无论是客户联系你还是你联系客户，你需要准备好敏锐的思维。客户只有认为有价值时才会回答你的提问，它们寻求的是能提供帮助，了解他们的企业以及拥有睿智思维的销售人员。当你能够分享好的想法，提出平衡拥护和质疑的问题，你和客户才会互相理解——你能够更好地理解客户真正在意的是什么，而客户会更了解自己的处境以及未来的可能性，并感到被理解。你越好地探索客户的故事，越是能够让自己的方案与他们的需求匹配。

大多数人懂得如何提问，以及聆听对方的话，但很少有人拥有促进相互理解的能力。他们要么缺乏提问技巧，要么缺乏感知聆听对方的能力，或者两样都缺。缺乏优越的提问技巧（即使常常思考这种技巧也不能对症下药），专业销售人士通常会用三种传统的方式和客户沟通。

1. 你在讲

当拥护和质疑不平衡时，这种倾斜几乎是倒向用户。“讲述”并不总是坏事，有时值得信赖的企业顾问在帮助客户克服恐惧、怀疑和不确定时，会向客户强烈地提议必须做什么。但总是把讲述当作一种选择，几乎不可能产生完全满足客户需要的方法。讲述的缺点包括：

- 你选择讲述的内容无趣或者与客户无关，不仅浪费双方的时间，还会削弱进一步交谈的欲望。

- 你建议客户该做的事情可能是错的（从数据上而言这是有可能的）。

- 客户可能不会买进或者持有所有权，导致销售失败或者失去主动权。

• 客户会觉得你自大或/和无知。

• 你试图通过描述一个机会来赚取大笔潜在资金，而如果通过提问可能会得到更多。

• 你失去了让自己的方案和客户的故事匹配的能力，不会用客户的语言说话，不会处理对方要紧的事情，不会较早地预见交流陷阱，不会通过理解来建立信任。

2. 你接受

客户告诉你他们需要什么，你同意提供相应的方案，这很简单，不是吗？显然，接受客户的要求不总是坏事，尤其是你也同意这样做时。但是当你基于客户的需求提出解决方案，客户可能也会觉得它缺乏立意，或者干脆选择一个与客户要求不同的对手的方案。你有多少次是这样做的？你有多少次确实参与其中，按照客户的意愿来，而客户却仍不满意？被动接受的缺点是：

• 客户可能是错的，但他们归咎于你，有时带来严重后果。

• 你没有展现出领导力。

• 你可能没有精确理解你在解决什么或者怎样衡量成功。

• 你可能错失许多宝贵机会。

3. 你猜测

你或许不把它叫作“猜测”，而是称为“判断、评估或者分析”，但如果它没有基于深入了解，一切行为就像是猜测。一两个销售人员和一两个客户聊上一两个小时，以此为根据开始猜测："我们觉得他们真正需要什么？我们觉得实际问题是什么？为什么他们以前没有解决？我们应该提出什么？你觉得我们是在与合适的人交谈吗？你觉得他们有足够的资金支付吗？我们应该定价多少？你认为我们的对手是谁？"等等。

聪明的推销员会把这种猜测模式化，称之为提案。你总能分辨出有多大成分是在猜测：越是猜测，提案越长。面对面商谈的成本不断上升，猜测就是引发巨大成本的其中一个因素。

▶ 与客户相互探索能真正实现双赢

第四个选项是你和客户互相探讨解决方案，满足客户需要，无论他们最终是与你还是跟别人得到的解决方案，当然，这并不容易。客户预测你会采用讲述、接受和猜测的方式，更糟的是，他们也许会试图强制你来讲述（你是专家）、接受（只要提出我们需要什么）或猜测（金融策划里都有这些）。

相互探索有两个可想象到的缺陷。首先，看上去会花费更多时间，然而，我们确信互相探索不会花费更多时间，并且会以不同方式、更有效地消耗时间。如果你无法提出满足客户需求的解决方案，早发现会比晚发现更节省时间（和成本），这也就导致了第二个缺陷：你可能无法发现真正满足客户需求的方案，因此失去一个客户。请记住，你不可能失去根本没拥有过的东西，想要客户接受他们根本不需要的东西本身就很困难，即使他们购买而之后却不满意，你仍然是输的。因此，我们认为相互探索的这两个劣势，恰恰可以转化为优势。

在这种新的模式中，销售并不是推销，而是帮助客户成功。这就意味着你的角色是帮助客户做出正确的决定，更好地协助客户获取利益以及完成要事。这种模式完全体现了双赢原则：你越是热情地、有技巧地为客户创造成功，你也会越成功。这不是一个美好的愿望，而是一个有力的原则，25年来我和同事们通过经验和调查不断地看着这种行为实践成真。

史蒂芬·柯维曾写道："性格是双赢的基石，其他所有事情都建立在这个基石之上。"结果性格会总结到一件事情上：像关注自己一样关注别人。如果你采用了双赢的方法，做生意时就会在市场上独树一帜。成功根植于体会和理解客户的需要和信仰，需要的是带着同理心倾听，和以往倾听的防范都不同。柯维博士写道："提倡同理心倾听的人们看似会花费很多时间，尤其在开始时，但随后就会省时省力。如果你是医生，你能做的最有效的事情就是经过准确的诊断之后进行良好的治疗。你不能说'我太着急了，没时间诊断，就这样治疗吧'。当你带着纯粹想要理解的愿望倾听时，你会惊讶于人们很快就敞开心扉，他们想这样做。”

我的朋友和同事克雷格·克里斯坦森说：“许多销售人员讨厌自己的工作，因为它强迫他们做一些并非出自本意的事情：操控，炒作，虚假的真诚，这些都违背他们的品德。我们可以引导他们成为客户的顾问，成为可以信任的人。在我们的帮助下，他们不用再油嘴滑舌、机关算尽、哗众取宠，令人生厌，而是成为一个有价值的商业合作伙伴，邀请客户开始一段全新的旅程。”

当员工们在这样的文化中工作时，他们得到一股合力，各尽所能，令整体发挥更大的优势。如同华盛顿大学那个由普通学生组成的奥运队伍一样，队员们互相支持，最终成为一个力量更大的集体。他们有不同的体格、力量和能力，做出不同的贡献，并为了赢得金牌而齐心协力。

新的模式在于创建一种相互探索的文化，提出真正满足客户需要的解决方案是要实现的目标。不是每一次都能圆满完成，但会比现有模式下实现的几率更大。改变在实际中发生，拥护这种方式的领导者以及创造共赢文化的企业，会让企业把今日的辉煌延续到明天。

▶ 实践步骤表

在建立通过帮助客户成功取得胜利的文化中，有两种实践方式。第一种是列出销售人员可以和客户一起完成的关键步骤，包括外在和内在方法。如果你是销售部门领导者，和成员们不断回顾这些步骤，直到他们真正地理解并付诸实践。

步　骤	讨论点
审视你的内心	● 写下自己内心的想法，你会承诺做些什么保证客户成功。 ● 你可以与客户分享你的想法，阐明自己内心的想法有助于建立信任。
去掉解决方案	不断提问，直到你可以说出什么对于客户来说是“赢”，这比他们自己描述的还好。带着感知去倾听，问问客户对他们来说什么是成功。 ● 销售额提高？ ● 成本减低？ ● 市场份额扩大？ ● 投资回报率提高？ ● 产品/销售/工艺改进？ ● 风险减少？ ● 职业技能提升？ ● 其他？
找到双赢的解决方案	基于你收集的这些证据，创造性地思考哪种解决方案正好符合客户对成功的预期。

以下表格是销售部门领导者需要实践的关键步骤，按照这个顺序，建立一种更高级的企业文化。测试你自己是否回顾了这些步骤：你的企业在按照这个顺序完成这些事情吗？

步 骤	讨论要点
选择听众	你的企业文化是排除其他员工只关注销售人员吗？实际上，销售部门只是你的听众里的一个部分。 ● 主动选择你的听众：不仅要包括销售人员，还有他们要汇报的部门，以及向销售部门汇报的部门。
定义目标	● 不要试图一次做50件事，如果你只能完成一两个目标，哪些事情会真正带来改变？ ● 把你的目标描述成“何时从X到Y”。当你为了目标提出明确的场景，比如在12月31日前把总利润从33%提高到35%，这是一种针对全体的召唤，能够激发每个人的努力。
设计训练	最高效的训练是简化到列出每个人学习如何实现目标。关注领导者状况也很关键，不要只在意个人的付出，因为领导者是销售文化的倡导者和维护者。 ● 如果你教的不仅是需要的内容，还有产生影响的其他事情，这个训练要包含什么？
参与执行	当领导者参与其中，就能说“这是我的解决方案”。他们确实掌控一切和驱动着过程。 ● 这种行动是专门设计的吗，以便分身乏术的销售经理容易执行？时间跨度会不会太长？
检测结果，额外事项和重复行为	你实现了步骤2中的目标了吗？如果你不使用已学会的方法来完善和重复参与，就没有意义了。 ● 为了实现目标要做些什么？ ● 你如何完善和不断参与从而实现目标？

8

CHAPTER

第八章

要素 6：创建高度的员工敬业度和客户忠诚度

Practice 6: Create Fervent Loyalty

你可以买到一个人的双手，但买不来他的心，而热情和忠诚都在他的心中。

——史蒂芬·柯维

零售巨头Costco用了不到30年的时间就成为美国第二大、世界第七大零售商，并且还没有打广告。它是怎么做到的呢？就是通过培养一批高度忠诚的顾客和员工，让许多人不愿意在其他地方购物或工作。

或许最高层次的投入就是忠诚，忠诚的工人和忠诚的顾客像黄金一样珍贵。一个能全身心投入的有才干的工人能创造出比他所消耗的成本高出100倍、1000倍的价值，一辈子都照顾你生意并给予你口碑支持的顾客就是你的终极竞争力。

旧有范式注重的是“顾客和员工满意度”，让顾客和员工满意当然是好事，但还远远不够，而新的范式则将“高度的忠诚”作为重点，你需要做的是立刻转换范式。

▶ 满意度标准已经过时

大部分有关顾客满意度的调查都不会带来有意义的改变，调查问卷经常设计得不好：篇幅太长，问题存有偏见，而问题若是讨巧，答案就会变得不准确。许多问题没有过多地关注顾客，而只看“我们做得怎样”。

显然，从根本上看，领导的好坏就是员工和顾客忠诚与否的原因。依靠表面上的满意度分数是偷懒的，属于20世纪自欺欺人的思维，对于领导来说，真正的问题是“你怎样培养高度的忠诚”。

过去的工作	当务之急
让客户满意。	培养高度的忠诚。

▶ 高度忠诚产生的影响

怎样才能得到泰国西数那样为公司竭尽所能的员工呢？怎样能让6000万顾客雷打不动，每年高高兴兴地交着会员费去一个叫作Costco的仓库购物？

哈佛教授、贝恩资深顾问弗莱德·雷克海给出的答案是“你想别人怎么对待你，就怎么对待别人”。这个原则被称为黄金定律，它简单极了，却很奏效。雷克海引用著名成功人士、西南航空总裁科林·巴莱特的话说："实践这个黄金法则是我们做任何事情都不可或缺的。"Enterprise，世界上最有前景的租车公司的安迪·泰勒说："发展唯一的途径就是善待你的客户，让他们多光顾，并向他们的朋友推荐我们。"

我的一个朋友一次出差的时候，被滞留在美国中西部的一个小镇，他的航班被取消了。机场很小，只有一家租车公司，也已早就过了关门的时间。他心存侥幸敲了敲门，一个穿着白色衬衫、打着领带的小伙子微笑地给他开了门。他是Enterprise的员工，迅速为我的朋友找到了小镇上的最后一辆车。

"你为什么还在这儿？"我的朋友问道，"已经很晚了。"

小伙子说："我听到镇上的航班取消了，猜到有人可能需要我。"随后，他从冰箱里取出一块蛋糕，"这是我妻子今天做的，让我带过来看看是否有人需要，你想来一块吗？"我的朋友正好错过了晚餐，的确有些饿。他感谢地接过带有叉子和纸巾的盘子，蛋糕很美味。

然后小伙子说："来，把整块都吃了吧，开车到得梅因还有很远的路程。"

我的朋友以前从未跟Enterprise打过交道，现在成为那里的终身客户，认为"他们太了不起了"！Enterprise系统地将黄金法则灌输到近70000名员工的心中，每年都被评为最受顾客喜爱的租车公司。

每个公司都有自己的一套独特的服务原则，但是很少有公司将它系统化。研究证明，顾客忠诚度是利润增长最主要的驱动因素，顾客忠诚度增长5%，可以带动利润增长85%。

而客户服务水平的不一致则是忠诚度的敌人，有些公司已经为YouTube上出现的不好行为付出了惨痛的代价：送货员暴力对待顾客的货物，工人们从客户的笔记本上偷窃照片，快餐店员舔食物。暂且不论这些过失如何，从提高忠诚度的角度，你也无法承受为劣质的服务所付出的代价。

▶ 高忠诚度的培养方法

公司需要一个“应用”系统来为客户和员工建立起忠诚度。长期以来，领导们专注于提高“信任的时刻”，也就是客户可能与公司联系上的接触点。这个确实有帮助，但它所带来的效果只是点状的。研究者说：“能够有效地管理整个过程的组织才能收获巨大的回报——提升客户和员工满意度，增加投资稳定性，提高营业额。”

忠诚度系统考虑客户和员工两个层面，许多组织正在使用雷克海广受好评的“净推荐者分数”作为二者的主要衡量标准，它是根据人们对你的公司作为工作场所怎样评价得出的一个值。如果你的分数是100，说明所有人都推荐你，如果你的分数是-100，说明没有人推荐。50分以上就是一个不错的分数，因为推荐者多于批评者。

净推荐者分数为衡量忠诚度提供了一个可信的基础，但是你需要更多信息来告诉你这些分数能做些什么，这些信息均来自对计算机输入数据的仔细分析，即感知的倾听。顾客或者员工告诉了你一些什么具体情况？他们在表扬或者抱怨的时候提到了什么？从这个分析中，你将提炼出可以改进的引导式评估。能够将净推荐者分数这种真正的忠诚度评估工具与丰富的输入系统相结合的领导者，最可能知道怎样让分数朝着希望的方向发展。一旦你知道了分数，就可以指定一个忠诚度方面的关键目标，这也是你应该做的。

有的组织在培养所有相关者的高度忠诚方面有强有力的引导评估方式。危地马拉市的GrupoEntero是一家正在蓬勃发展的公司，它由胡安·毛里西奥·波内法斯，即著名的胡安马发起。胡安马学习七个习惯已有许多年，相信积极主动、有梦想的员工在一个信奉七个习惯原则的公司可以茁壮成长。胡安马并没有区分客户与员工，把他们都当作合作者，或者贡献者。“我们的主要目标是吸引贡献者，创造一种人们感到才能和热情可以在工作中充分发挥的环境。”他说。

GrupoEntero实际上是一个股份公司，是创业型企业的苗圃，这些企业的员工都很有梦想，其中的一个分公司Guateprenda是一家小额贷款公司，专门给希望自己做生意的低收入者贷款。没有哪个传统银行会给这些人贷款，但是只要很小的一笔钱，就可以让一个需要货车的农民生活发生巨大变化，或者让一个拥有更多设备和店面的卖雪糕的单亲妈妈赚更多钱。Guateprenda的员工在谈到自己为整个中美洲做出的贡献时，情绪很激动。GrupoEntero旗下另一家企业Sonrié是牙科诊所连锁店，致力于帮助人们摆脱牙痛的困扰，最大化地发挥他们的潜力。Sonrié的员工为痛苦的病人们创造了奇迹，帮助他们在生活中重获自信。

我们喜欢胡安马对于与GrupoEntero相关的每个人的说法，无论面对客户还是员工，都称赞他们是“贡献者”，是有梦想的人，在为自己的热情和潜力寻找一个出口。这是一个多么优秀的商业模式，公司的存在不只是为了赚钱，却在账目上也非常的漂亮。人们争先恐后地成为公司的一分子，愿意释放所有的潜能。胡安马和其他领导者在理解和开发这种潜能上投入了大量的时间和金钱，才让它得以充分发挥。每个贡献者都接受了系统的七个习惯的培训，这也是公司的精神操作系统。随后，它精心设计了发展计划——足以影响每个人的生活梦想，这也是GrupoEntero的整体目标：希望实现所有梦想。

对比大多数其他组织与GrupoEntero在发展实践方面的做法，“很难想象还有哪个管理问题比发展计划——帮助员工寻找自己的职业发展方向更易被忽视，”企业高管兼作家维克多·李普曼说，“但这么重要的事情要么总是被忽视，要么只是作为一种形式化的程序，要么事后才被想起，而公司要为此付出高额代价：失去最优秀的青年人才。”有多少领导想到过“只有你真正关心员工的未来，他们才会关心企业”？真诚地关心某个人会建立起忠诚度，忠诚的员工更加投入，投入的员工生产率更高。

同样值得一提的是，员工的忠诚会影响到客户的忠诚，最终影响到整个收益。有一个从低端零售商中总结出来的教训就是，让工人在恶劣的环境中工作，给他们很低的工资，最终的服务也是恶劣的。一家美国大型家居用品零售商通过减少培训项目和解雇有经验的楼层员工来压缩成本，他们优质客户服务的名声随之而去，产品销量也慢慢下滑。

相反，企业提高员工的忠诚度，也就提高了客户的忠诚度。GrupoEntero培养忠诚的贡献者的做法体现了这一原则，而上文中提到的Costco奇迹般的提升也正是由于贡献者的忠诚度。公司付给员工的工资高出行业平均水平42%，还有一个令人羡慕的福利套餐，包括职业教育和晋升阶梯。员工流失率只有5%，而在零售行业这个数字通常是40%。快乐的Costco员工看起来很享受自己的工作，品牌专家大卫·艾克认为，Costco的员工政策一定会提高顾客忠诚度。

这是一种高度的、不断增长的忠诚度，Costco的净推荐者值竟高达71，位居零售行业榜首。几百万顾客涌入Costco在8个国家的店铺，对于有些人来说，这种体验更像是精神上的。顾客何塞·戴维拉这样描述："这是世界上最好的地方，去那儿就像是到了教堂，没有比那儿更好的了，它称得上是一次宗教体验。"说得更谨慎一点，Costco的领导们只是在践行一个简单的原则——希望别人怎样对待你，就怎样对待别人。我的一个朋友是一名地方律师，每周六的早晨都会跟妻子一起去Costco，因为在那儿他可以见到所有的朋友。对他来说，购物很重要，但整个经历才是真正的意义所在，这是让他不断光顾的原因。当领导们将工人看作人，将顾客看作人的时候，再怎么"唯利是图"，也很难不如愿以偿了。

据我所知，没有哪个组织的净推荐者值能达到100，得到70分以上的就是Costco这样的精英了，大多数企业的分数在10~15。领导者的一项关键目标就是提高这个分数，坚信相关者忠诚度的价值，完成这个目标的一个现实战略就是"移动指针"。

任何企业都有支持者和批评者。有些支持者（比如你的妈妈），无论你做什么都会支持你，同样，有些反对者也很忠诚（希望不是你的妈妈），无论你做什么都会讨厌你。你不太可能影响到这个范围两端任何一方的感情，但可以影响中间的大多数。如果你能让这个群体哪怕只是朝着支持的一边移动一小点，也将获得极大的收益，因为这个群体非常之大。

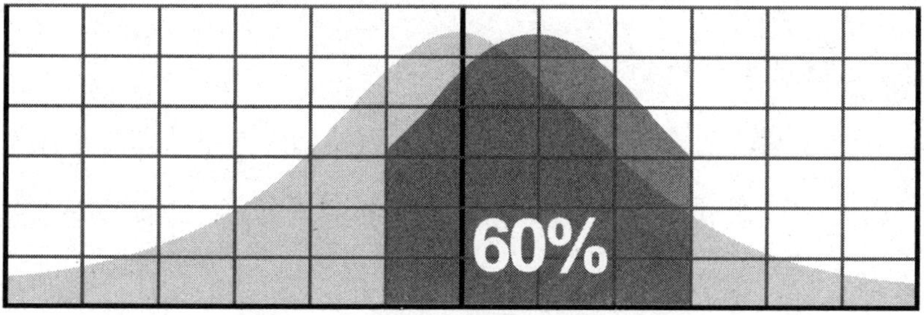

销售执行委员做出的一项革命性的研究发现，仅有5%的业绩是由中间60%的销售人员创造的，一般来说，前20%的员工整体向前移动5%，就能多创造出70%的销售额。简单地说，中间部分的小小移动对顶部的影响不是很大。

指针朝着高度忠诚的方向移动，将为你带来很大收益。被动的顾客往往更容易成为忠诚的顾客，只要你带着感知去倾听他们的问题。例如，我很喜欢平板电脑，是一个“中间”客户，我喜欢通过无线Wi-Fi上网、看新闻，偶尔看看电影，但我既不是一个技术发烧友，也不是老古董，我只是对我的平板电脑有忠诚度。

但是，我对这台平板电脑也有疑问：我想要一个不那么厚的保护壳，我的应用程序总是中断，我知道需要同步，但我不想使用。驾驭苹果在线商店对我来说有些困难，有时候连接问题让我真想把它从窗户扔出去。

我知道我的问题很小，也很容易解决，但如果平板电脑设计者是一个感知的倾听者，可能有所帮助。如果他们做了，我对他们产品的忠诚度就会上涨到高度区。

鉴于高度的忠诚回报如此之大，领导们应该不遗余力地实现“高度区”这一目标，让人们不愿意与其他人共事，不愿意与其他人做生意，除了你以外。愿意在泥泞中携手奋斗的员工，他们的价值谁能估计？对你如宗教般忠诚的顾客，他们的价值谁又能估计？将这些人推向高度区就是每个领导的关键任务，就是重要而紧急的工作。

▶ 实践步骤表

原　则	讨论点
1. 评估你的客户和员工的忠诚度	方法之一是计算净推荐者值。 ● 提出这个问题：数值是从1~10（10为最高），你向朋友或同事推荐我们时，会打多少分？请给出答案的理由。 ● 按照下面的方式给分数归类：

分数	类别
9~10	推动者：忠诚、热情，会经常照顾你的生意并推荐给别人。
7~8	消极的：满意但是没有热情，易受到竞争对手的攻击。
0~6	批评者：不高兴，会给出差评。

	● 计算净推荐者值，从推荐者的百分比中扣除批评者的百分比。
2. 设定一个目标提高你的忠诚度	● 设定一个关键目标来提高净推荐者值，选择一个你认为可以实现的数字，规划截止日期。
3. 采取引导式评估	● 自己分析反馈者做出选择的原因，找出频频出现的主题。 ● 深入挖掘这些主题，通过电话、社会媒体、与客户和员工面对面的交谈等方式，找到人们向你提出这些问题的根源。 ● 作为领导，根据你发现的这些主题选择引导式评估。 ● 采取引导式评估，并仔细跟踪你的进步。

9

CHAPTER

第九章

成功始于今日

Start Today

一张白纸绝不是空白的，而是充满了无限可能，它是等待中的杰作——属于你自己的杰作。

——A. A. 帕塔瓦汉

本书中我们见证了你的员工——企业的终极竞争优势，能在公司的每个层次上成为高效能领导。他们能通过链接企业的需求提升参与度，能行动卓越，比设想中做得多得多，能成为这个行业最受信赖的人，能通过专注于客户的成功获得利润，能高度忠诚于公司和市场。至此，我们已经明白一个高效能企业该是什么样子以及我们为何现在需要创建这样的企业。

依照过去的经验，你可能已经是一个足够好的管理者，知道怎样以小投入赢得大产出，怎样增加价值让客户和员工满意。

但你要做的远不止这些。你不会想回到过去那些没有挑战的日子，你的全部角色已经固定好了，你只需全盘接受。尽管有许多头疼的问题，但是旧的行业范式并没有真正让你付出心血和智慧。你每天只不过是早晨把工作描述输入大脑，晚上输出即可，一切都已经为你设计好了。

现在要做的事情则更加困难，但也更加吸引人。每个人都可以成为领导，而每个人都必须成为领导！大门已为所有人敞开，员工们可以做更多以前从未想到过的事情，而作为领导者的你，任务就是通过帮助别人实现目标来实现自己的伟大目标，准则是意义。

领导者的工作从根本上发生了改变，其精神操作系统不再是“控制”，而是“释放”，它建立在目标和原则之上，而不是服从与计算。维萨卡创始人狄伊·哈克这样描述这种思想：“你们共同的目标和原则达到了一定程度，你就可以放弃命令和控制。员工们只要知道怎样按照这些原则行事即可，哪怕他们会有上千种不可思议的方式，组织将会变成信仰的集合体。”

旧的思想有太多固执的想法。在我们选择感知之前，都是以一种漠不关心的心态来实施领导的，而员工们对此异常敏感，任何被操控的感觉立马都能突显出来。“领导总是反反复复，”柯维说，“他们是应该更民主，还是更专权？更严厉还是更宽容？吩咐得多，还是要求得多？让员工落实工作的最佳技巧是什么？这些问题是重要且必须考虑的，但首要的问题是：你真的在乎多少？”

你足够关心现在要做的工作吗？能够从领导的角度出发做出

长远规划，而不仅仅是完成工作描述规定的内容吗？能否帮助别人成为领导？能否释放员工身上无限的，超出自己想象的能力？能否成为最值得信任的领导？能否卓越、精准地执行你最重要的目标？能否帮助客户成功地实现他们最伟大的目标？能否在你服务的人群中培养高度的忠诚？

这些是领导们现在要做出的最艰难也是最愉快的选择。本书中描述了这种新型领导方式的原则、范式和做法。使用好，你就能够胜任这些挑战，成为真正的领导者。

但是，如果你觉得自己不能胜任这些挑战呢？如果你惮于组织政治的威严而不敢做出这些决定怎么办？你也许会想："如果我突然变得主动、有梦想、懂得感知，他们会说什么？如果我对不重要的事情说'不'，对我认为重要的事情说'是'，他们会做何反应？如果我对不能够帮助客户成功的战略或政策提出质疑，会发生什么？他们还会让我成为领导吗？"

不管他们是谁，不要担心他们。

100多年前，克拉克大学研究者做了一个关于梭鲈鱼的实验，这是一种非常凶猛的鱼。研究者将梭鲈鱼放入一个大水塘中，加满了水，又放进去几条小鱼。这种小鱼是梭鲈鱼的天然饵料，一入水就被吞食了。随后，研究者在水塘中放入了一块透明的玻璃隔板，将新放入的小鱼和梭鲈鱼隔在了两侧。大鱼看到小鱼后，立刻又冲了过去，但每次尝试都无一例外撞在玻璃上。最后，梭鲈鱼再也不去试着吃小鱼了，它已经知道每次努力换来的只有头疼。

3个月过后，研究者去掉了玻璃隔板，此时猎手和猎物之间已经没有任何东西拦着了。然而，尽管小鱼就在大鱼周围自由地游着，后者也根本没有想过去吃它们，直到自己饿死，这就是挫折的力量。我们过去可能尝试过，也失败过，因为尝到过失败带来的痛苦，就以为永远会是这样。

不要这样想。

我在生活中学到的最宝贵的一条真理就是：当你将精力放在自己不能控制的事情上时，你的影响力就会减弱。你可能担心政治影响，担心你的职位，担心升迁变动，但这种消极思想只会减少你贡献的能力。相反，如果你选择关注自己可以做到的事情，你的影响力就会提升，而进度往往是惊人的。你无法控制别人，只能期待着影响他们。你贡献自己所能贡献的，而不是在无意义的政治斗争中浪费精力，因为你是对原则忠诚，而不是对参与者忠诚。

人无完人，你当然会犯错误。开始时，你可能感觉笨手笨脚，但只要坚持，你就一定能为自己、为你的团队、为整件事情的顺利进展感到兴奋不已。

本书开始时提到了两个小故事：泰国西数英雄般的事迹和停

止了贡献的汤姆。后者身在曹营心在汉，已经被一个没有梦想和目标的专权系统赶走了热情和希望。

切记，不要成为汤姆。你可以选择成为一个积极主动的领导，为你的工作带来梦想和目标。你可以让你带领的团队像西数的员工那样上下一心，竭尽所能。罗莎贝斯·莫斯·坎特说：“梦想不仅是一张未来的图画，更是意味着追求更卓越的自己，渴望实现更大的成就。”那么你未来的图画是什么样子呢？你更大的成就是什么呢？

现在就踏上旅程吧。

FranklinCovey

THE ULTIMATE COMPETITIVE ADVANTAGE

品牌故事

三十多年前，当Stephen R. Covey和Hyrum Smith还在各自领域开展研究，以帮助个人和组织提高效能时，他们都注意到一个问题——人的因素。专研领导力发展的Stephen发现，志向远大的个人往往违背其所渴望成功所依托的根本性原则，却期望改变环境、结果或合作伙伴，而非改变自我。无独有偶，专研生产力的Hyrum发现，制定重要目标时，人们对实现目标所需的原则、专业知识、流程和工具却所知甚少。

Stephen和Hyrum都意识到，解决问题的根源在于帮助人们改变行为模式。经过多年的测试、研究和经验积累，他们同时还了解到，持续性的行为变革不仅仅需要教育，还需要个人和组织采取全新的思维方式，掌握和实践更好的全新行为模式，直至习惯养成为止。Stephen在其著作《高效能人士的七个习惯》中公布了其研究结果，该书现已成为世界上最具影响力的图书之一。在富兰克林规划系统（Franklin Planning System）的基础上，Hyrum创建了一种基于结果的规划方法，该方法风靡全球，并从根本上改变了个人和组织增加生产力的方式。他们还分别创建了Covey领导力中心和FranklinQuest公司，旨在扩大其全球影响力。1997年，上述两个组织合并，由此诞生了如今的富兰克林柯维（FranklinCovey）（NYSE: FC）。

如今，富兰克林柯维（FranklinCovey）已成为帮助组织提升绩效的全球领导者，而提升绩效需要人类行为的持续性变革，这往往也是组织所面临的最大挑战。一旦变革成功，将成为最持久的竞争优势。对于组织而言，宣布一项战略是一回事，而重塑员工行为和组织文化以成功执行该战略却又是另外一回事。建立在Stephen和Hyrum对领导力和生产力的研究基础上，富兰克林柯维（FranklinCovey）发挥其广博的专业性知识来帮助组织在多个关键领域实现持续性的行为变革，包括：领导力、执行力、个人效能、信任、销售绩效、客户忠诚度和教育。

结果如何？我们的客户成功创建了优秀组织文化，其主要特征表现为：员工高效且善于合作；领导者高效且善于构建信任，具备卓越的执行力，能够为所有利益关系人创造显著提升的绩效。这样的文化最终演化为组织的终极竞争优势。

富兰克林柯维（FranklinCovey）足迹遍布全球150多个国家，拥有超过2,000名员工，共同致力于同一个使命：帮助世界各地的员工和组织成就卓越。本着坚定不移的原则，基于业已验证的实践基础，我们为客户提供知识、工具、方法、培训和思维领导力。富兰克林柯维（FranklinCovey）的客户包括90%的财富100强公司、75%以上的财富500强公司，以及数千家中小型企业和诸多政府机构和教育机构。

我们的终极目标是帮助个人和组织在绩效上实现渐进型量变和变革型质变。我们在此向全球数以千计的客户表达衷心的感谢，谢谢他们给予我们机会帮助其实现伟大目标。

睿仕管理顾问公司（Right Management）的富兰克林柯维事业部（FranklinCovey Division）是富兰克林柯维（FranklinCovey）在中国、香港、台湾和新加坡的独家代理机构，自1996年开始进入中国服务于中国客户，目前在北京、上海、广州设有分公司。

富兰克林柯维（FranklinCovey）的备受赞誉的知识体系和学习经验充分体现在一系列的培训咨询产品中，并且可以根据组织和个人的需求定制。富兰克林柯维事业部在中国大陆、香港、台湾和新加坡拥有经验丰富的顾问和讲师团队，能够将我们的产品内容和服务定制化，以满足您的语言和文化需求。

富兰克林柯维（FranklinCovey）在中国提供的解决方案包括：

I. 领导力：

高效能人士的七个习惯®	The 7 Habits of Highly Effective People®
领导者实践七个习惯® 辅导您的团队实现高绩效	The 7 Habits® Leader Implementation COACHING YOUR TEAM TO HIGHER PERFORMANCE
卓越领导力：卓越领导，卓越团队，卓越结果™	Leadership: Great Leaders, Great Teams, Great Results®
CEO希望你知道的事：培养商业敏感度™	What the CEO Wants You to Know: Building Business Acumen™

II. 执行力：

高效执行四纪律™	The 4 Disciplines of Execution®

III. 个人效能：

激发个人效能的五个选择™	The 5 Choices to Extraordinary Productivity®
项目管理精华™ ——献给非职业项目经理们	Project Management Essentials for the Unofficial Project Manager™
高级商务演示技巧™	Presentation Advantage®
高级商务写作™	Writing Advantage®

IV. 信任：

信任的速度™（经理版）	Leading at the Speed of Trust®
信任的速度™（员工版）	Working at the Speed of Trust® — For Associates

V. 销售绩效：

帮助客户成功™	Helping Clients Succeed®

详细信息请咨询：

北京
北京市朝阳区建国路118号招商局大厦32层GH单元
邮编：100022
电话：+86 10 6566 1575
传真：+86 10 6566 0725
邮箱：beijing@right.com

上海
上海市淮海中路381号中环广场28楼2825-38室
邮编：200020
电话：+86 21 6391 5888
传真：+86 21 6391 5888
邮箱：shanghai@right.com

广州
广州市天河区花城大道85号高德置地广场一期A座12楼1269室
邮编：510623
电话：+86 20 8558 1860
传真：+86 20 8558 1860
邮箱：guangzhou@right.com

《高效能人士的七个习惯》（25周年纪念版）（全球头号畅销书）

书号：9787515326399

定价：68.00元

★ **全球总销量超过2500万册，提高个人和组织效能的经典读本。**

★ **一本能改变亿万人命运的奇书，影响力仅次于《圣经》。**

★ “中国60年来最具影响力书籍”。《福布斯》“有史以来最具影响力的10大管理类图书之一”，“20世纪最有影响力的商业书籍”。获“2011年首都大学生读书节”最喜爱图书奖。

★ 高居《纽约时报》、《华尔街日报》、亚马逊书店、新华书店、当当网、亚马逊中国畅销书榜长达25年。

《高效能人士的第八个习惯》

书号：9787500660958

定价：48.00元

★ 全球500强企业联袂推荐！

★**《高效能人士的七个习惯》升级版。**

为个人和组织指明从高效能迈向卓越的成功道路，使我们在生活和事业中获得更大的满足感和幸福感，并成为这个时代的先行者。

《实践7个习惯》

书号：9787500655404

定价：29.00元

★ **成功人士都在身体力行“七个习惯”。**

★ **本书成为世界500强企业《高效能人士的七个习惯》培训课的必备实践手册。**

最真实、最生动、最实用的经典案例，让你在职业生涯、人际交往、学校家庭及个人内心面临巨大挑战的时候，都能从中找到你想要的解决方案。

《要事第一》

书号：9787500653400

定价：49.00元

★ **有史以来最畅销的时间管理书籍。**

《纽约时报》、《商业周刊》、亚马逊网络书店商业类排行榜最佳畅销书。

★ **被美国《时代周刊》组织的世界500强CEO评选为“最具影响力的商业书”。**走捷径无法创造生活质量，比速度更重要的是前进方向。本书成为真正能改变你生活的杠杆。

《生命中最重要的》

书号：9787500654032

定价：29.00元

★ 有史以来关于时间和个人管理的最好的书。

没有目标的人一定会被有目标的人利用。假如你想真正掌握自己的生活并多做对自己有意义的事情，那就读读这本书，它将个人和组织的价值发挥到极致。

《高效能人士的领导准则》

书号：9787500652953

定价：33.00元

★ 全球500强企业联袂推荐！

《高效能人士的七个习惯》姊妹篇。

继《高效能人士的七个习惯》后，再次改变这个世界的领导模式，引导我们释放每个人内在的领导力，号召付诸行动，实现根本性的改变。

《高效能人士的七个习惯》（精华版）

书号：9787500649038

定价：39.00元

★ 精选史蒂芬·柯维博士最核心的"七个习惯"的思想和方法。

★ 为那些生活节奏紧张、没有太多时间去阅读的人带来超价值的自我提升体验。

★ 用最少的时间，参透高效能人士的持续成功之路。

《不可预知时代的可预知结果》（第2版）

书号：9787500691266

定价：25.00元

★ 柯维新作再次改变这个世界的思维轨迹。为我们揭示了一套让企业和个人永远立于不败之地的致胜法则。告诉读者，即便在不可预知的时代，仍有确定的原则可以依赖，这也是为什么伟大的管理者知道这个世界变幻莫测，但仍能得到自己想要的成就。

★ 史蒂芬·柯维的思想给那些快速成长的企业和中国领导者，渴望突破困境的中国人带来新的启发和人生意义的新感悟。

《伟大的工作，伟大的事业》

书号：9787500695417

定价：25.00元

★ 史蒂芬·柯维再造职场新“圣经”，彻底改变你的工作轨迹。

工作满足你财务和身体上的需求，伟大的事业能让你在身体、精神和财务上都得到满足。

★ 本书为工作和事业提供了全新的、创造性的思维方式。对于如何让自己优秀出众，如何从根本上改变工作困境和经济现状，从而创造成功的事业，最终实现自我的人生目标，柯维给予了我们独到、实用的建议。

《柯维的智慧》

书号：9787515316871

定价：39.80元

★ 人类思想巨匠柯维博士一生的智慧语言！

★ 79年酝酿而成的人类思想巨著！

★ 18种创造奇迹的高效能原则！

★ 10000万人都在践行的思考方式！

《高效能人士的执行4原则》

作者：（美）史蒂芬·柯维

书号：9787515313726

定价：39.00元

★ 全球最有效的执行力保障体系！

★ 世界500强企业最为推崇的顶级执行法则！

高效执行4原则是富兰柯维公司最重要的研究成果，是一个历时15年，经141个国家检验的达成目的的方法论，可以帮助组织、团队、个人排除一切阻力和干扰，达成最重要的战略目标。

《信任的速度：一个可以改变一切的力量》

作者：（美）史蒂芬·M·R·柯维

书号：9787500682875

定价：29.90元

★ 美国最权威的经管书店800-CEO-Read畅销榜第1名，《纽约时报》《华尔街日报》榜首畅销书。汤姆·彼得斯、沃伦·本尼斯、斯宾塞·约翰逊、凯文·罗林斯（戴尔公司总裁）、拉里·金、史蒂夫·福布斯（福布斯公司总裁）鼎力推荐

★ 柯维为我们展示了信任的力量——这个往往被忽视，被低估，但却“足以改变一切的力量”。